Dipl.–Kfm. Rasso Vogl

Aktien

Fundamentalanalyse –
Portfoliomanagement

ISBN 3-9803547-0-9

Es ist besser, ungefähr richtig zu liegen,
als völlig präzise daneben

Inhaltsübersicht

Inhaltsverzeichnis

Abbildungsverzeichnis:

Tabellenverzeichnis

Vorbemerkungen

Warum Geld in Aktien anlegen?

Aktien sind kurzfristig risikoreich – dies ist bekannt, und zugleich das einzige Argument, das gegen Aktien spricht.

Die Aktie ist auch kein Instrument zur *kurzfristigen* Geldanlage, sondern sie sollte Bestandteil einer *langfristigen* Strategie zum Vermögensaufbau sein. Gerade in langfristigen Vergleichen zeigt sich, daß Aktien allen anderen Formen der Geldanlage überlegen sind.

So könnte jemand, dessen Ururgroßvater 1810 wenige Cents (einen US-Dollar nach heutiger Kaufkraft) in Aktien investiert hätte, heute über 86.100 Dollar verfügen. Und dies trotz diverser, sehr massiver Kurseinbrüche.[1]

Weniger erfreulich für die Nachkommen wäre es hingegen, wenn dieser Vorfahr Anleihen bevorzugt hätte (Ergebnis heute: 52 Dollar); noch schlechter stünde er mit Festgeld (24 Dollar) oder Gold (1,42 Dollar) da.[2]

Lohnt es sich, selbst Aktien auszuwählen?

Ja. Wirklich erfolgreiches Stock-Picking kann nur ein privater Anleger betreiben. Nur er hat die Auswahl unter zehn- bis zwanzigtausend börsennotierten Unternehmen, kann deshalb mit spitzen Fingern die Perlen auswählen, und ganze Branchen "links liegen lassen".

Von Aktien kleiner und mittelgroßer Unternehmen werden oft nur geringe Stückzahlen an der Börse gehandelt. Ein Tagesumsatz von 1 Mio. DM ist für Großanleger "abschreckend". Daher beschränken sich institutionelle Anleger weitgehend auf aktiv gehandelte Standardwerte. Investmentfonds sind darüber hinaus an ihre satzungsgemäße Anlagepolitik gebunden. So hat ein auf deutsche Aktien festgelegter Fonds mit 10 Mrd. DM Anlagevolumen nur noch die Auswahl unter 50 Aktien[3].

---

[1] Vgl. Kiehling, "Kursstürze am Aktienmarkt".

[2] Vgl. Finanzen 5/93.

[3] Ansonsten sind die Aktienumsätze zu klein, und der Aufbau von "Bagatell"-Positionen bringt nichts. Selbst wenn sich die entsprechende Aktie dann gut entwickelt - der Fondspreis steigt nur marginal.

Private Anleger können "kleine" Aktien kaufen – ohne, daß die Kauforder den Kurs nach oben ziehen oder ein Verkauf den Kurs drücken würde.
Und gerade die kleinen Unternehmen sind überdurchschnittlich aussichtsreich.[4]

Das Wichtigste beim Aktienkauf: Geduld und eigene Ideen!

Wer sich eine Liste mit den langfristigen Anlageerfolgen von Investmentfonds ansieht, wird vor allem eines feststellen: Viele Fonds erzielten kontinuierlich schlechte Ergebnisse. Ihre Performance erreicht oft nicht einmal den Marktdurchschnitt.
Andere Fonds dagegen erfreuten die Anleger – zum Teil über Jahrzehnte hinweg – mit hohen Gewinnen, die oft weit über dem Marktdurchschnitt lagen. Es stellt sich die Frage: Was machen die einen richtig, was die anderen falsch?
Wer die erfolgreichsten fragt, wird immer das gleiche hören:

– sorgfältig auswählen,
– jahrelang liegen lassen,
– Aktien kaufen, die niemand haben will,
– eigene Ideen.

Der Umkehrschluß ist sicher richtig: die schlechten Fonds suchen zunächst nach den falschen Methoden Aktien aus und "zocken" dann hektisch damit hin und her. Der Mut zur eigenen Meinung fehlt, statt dessen werden die Empfehlungen anderer schnell nachvollzogen. Anstelle in Ruhe zu überlegen: "Wie sieht die Weltwirtschaft in fünf Jahren aus?", hängt der Blick am Reuters-Monitor und verfolgt die minütlichen "Zuckungen" des DAX.

Nicht nur ein Fondsmanager, sondern erst recht ein privater Anleger (der bei Umschichtungen wesentlich höhere Spesen zahlt) sollte sich an der Philosophie der erfolgreichen Fonds orientieren.
Dieses Buch ist keine Anleitung zum schnellen Reichwerden an der Börse. Es wurde für den langfristig orientierten Anleger geschrieben – und bietet diesem genau das Rüstzeug, das nötig ist, um eigene Ideen systematisch und fundiert zu überprüfen.

---

[4] Vgl. unter anderem Abb. 74.

Damit drängt sich die zweite Frage auf: Welche Aktien werden steigen? Die banale Antwort: Günstig bewertete Aktien jener Unternehmen, die auch in Zukunft erfolgreich sein werden.

Die "traditionelle", zahlenorientierte Aktienanalyse ermöglicht die Beurteilung, ob eine Aktie fair oder gar unterbewertet ist. Dabei müssen auch die volkswirtschaftlichen Rahmenbedingungen berücksichtigt werden. Die ersten beiden Kapitel beschäftigen sich mit dieser Thematik.

Die reine Konzentration auf Vergangenheitszahlen oder deren schematische Projektion in die Zukunft genügt aber nicht.

Vielmehr muß eine Aktie als das gesehen werden, was sie ist: als verbrieftes Anteilsrecht an Unternehmen.

Unternehmen aber stehen im nationalen und internationalen Wettbewerb. Die Intensität dieses Branchenwettbewerbs und die Fähigkeiten des Unternehmens, sich darin zu behaupten, bestimmen letztlich die Ertragslage und damit den Aktienkurs. Langfristig im Wettbewerb erfolgreich sind nur Unternehmen, die Vorteile gegenüber ihren Konkurrenten besitzen. Diese Wettbewerbsvorteile und deren Auswirkungen auf die Aktienkurse sind Gegenstand des dritten Kapitels.

Wachstum – und ganz besonders das Wachstum von Gewinnen – wird dagegen in hohem Maße vom Potential der betreffenden Branche beeinflußt. Im vierten Kapitel werden auf der Basis von Theorien zum Produktlebenszyklus Methoden zur Branchenauswahl vorgestellt.

Neben den Gewinnen einer Unternehmung (und dem Zinsverlauf) bestimmt im wesentlichen ein Faktor die Kursentwicklung: Kauf- und Verkaufsentscheidungen werden von Menschen getroffen. Die *psychologische* Komponente wird im fünften Kapitel angesprochen.

Das Risiko der Aktienanlage läßt sich durch gezielte Auswahl und Diversifikation senken. Fragen zur Strukturierung von Aktiendepots (neudeutsch: *Portfolio-Management*) werden im sechsten Kapitel behandelt.

Abschließend befaßt sich das siebte Kapitel mit einigen Sonderfaktoren, wie etwa Übernahmen und Turn-Around-Spekulationen.
Kurze Analysen zu ausgewählen Branchen findet der Leser im achten Kapitel.

1. Kapitel:

Volkswirtschaftliche Analyse

Alle Unternehmen sind in die gesamtwirtschaftliche Entwicklung eingebunden. Dies gilt ganz besonders für Großunternehmen, während kleine und mittlere Unternehmen oft flexibler reagieren können.

Vereinfacht ausgedrückt: Wenn die gesamte Volkswirtschaft wächst, kann sich jedes Unternehmen eine "Scheibe von diesem Kuchen abschneiden". Tritt dagegen Stagnation oder Rückgang ein, ist Wachstum nur noch auf Kosten der Konkurrenten durchführbar. Daraus resultieren in erster Linie Preiskämpfe, aber auch eine Verschärfung des Qualitätswettbewerbs ist oft die Folge (kostenlose Extras bei Autos, usw.).

Einige Branchen sind von der konjunkturellen Entwicklung weitgehend unabhängig (Versorger, Banken, usw.); nur sehr wenige Branchen profitieren von einer wirtschaftlichen Abkühlung (Konkursverwalter) – die Mehrheit aller Unternehmen wird jedoch negativ davon beeinflußt.
Daher ist es erforderlich, die absehbaren wirschaftlichen Entwicklungen in die Aktienauswahl mit einzubeziehen.

Aber: Auf zwei wichtige Einflußfaktoren, die die Auswirkungen der Konjunktur auf die Entwicklung der Aktienmärkte relativieren, soll schon jetzt hingewiesen werden:

→ Typisch für Abschwungsphasen sind Zinssenkungen, und rückläufige Zinsen machen Aktien attraktiver.
→ Gleichzeitig wirkt die Hoffnung auf eine konjunkturelle Belebung kursstabilisierend.

Rückläufige Gewinne bei den Unternehmen werden dadurch kompensiert.

I. Der Konjunkturverlauf und die Börse

Typischerweise verlaufen Konjunkturzyklen in Wellenbewegungen. Die Ursachen für diese Wellenbewegungen können in der Wirtschaft selbst begründet sein (z.B. vorübergehende Sättigung des Bedarfs von Konsum- und Investitionsgütern aufgrund vorangegangener hoher Anschaffungen) oder durch exogene Faktoren ausgelöst werden (z.B. Rezession infolge der Ölkrise 1973). Im Regelfall muß jedoch eine Vielzahl von Erklärungen herangezogen werden.

Die Bedeutung konjunktureller Bewegungen auf die Aktienkurse läßt jedoch nach Meinung des Verfassers zunehmend nach. Die Marktteilnehmer versuchen, absehbare Ereignisse immer frühzeitiger an der Börse vorwegzunehmen. Die Anleger haben aus den Entwicklungen in den USA seit Ende der 80er Jahre gelernt, daß eine Konjunkturflaute zu Zinssenkungen und diese wiederum zu steigenden Kursen führt.
Die folgende Beschreibung der vier Hauptphasen der Konjunktur und der begleitenden Reaktionen der Börse orientiert sich daher vorwiegend an Darstellungen in der Literatur.

Zu Beginn der *Erholungsphase* liegt die Konjunktur noch am Boden. Viele Unternehmen mußten aufgrund der geringen Auslastung Verluste bzw. sinkende Gewinne hinnehmen, die Arbeitslosigkeit befindet sich auf einem hohen Niveau – daher halten sich die Verbraucher mit Ausgaben zurück.
Die Notenbank reagiert im Regelfall mit Zinssenkungen[5]. Es finden erste Umschichtungen von Anleihen hin zu Aktien (Zinsgewinner) statt – typisch für diese Phase ist die Zinshausse. Der Optimismus der Marktteilnehmer ist allerdings noch gering[6].
Später zeigen sich Ansätze einer wirtschaftlichen Erholung, Investitionen und Konsum beleben sich wieder, die Ertragsentwicklung der Unternehmen verbessert sich. Die Aktienkurse steigen – diesmal aufgrund überraschender Gewinnsteigerungen und erhöhter Gewinnschätzungen.

---

[5] Ausnahmen von dieser Regel können sich ergeben, wenn Stabilitätsüberlegungen der Notenbank in den Vordergrund rücken. Dies war z.B. bei der Bundesbankpolitik 1993 weitgehend der Fall.
[6] Hier gilt: die Kursentwicklung in Deutschland - Juli/August 1993 - kann nicht völlig mit diesem Schema erklärt werden - vermutete Zinssenkungen wurden vorweggenommen.

Nachdem die Gewinnschätzungen in dieser Phase der *Hochkonjunktur* laufend erhöht werden, erscheint das KGV – trotz der zurückliegenden Kursavancen – immer noch günstig.

In einem späteren Stadium ist dann überschäumender Optimismus die Hauptantriebskraft an der Börse – Gewinnsteigerungsraten der jüngsten Vergangenheit werden fortgeschrieben, typischerweise tauchen auch sogenannte "zurückgebliebene" Aktien in den Empfehlungen auf, während Aktienfonds hohe Mittelzuflüsse verbuchen.

Die Konjunktur tritt in eine Überhitzungszone ein, das optimale Produktionsvolumen wird überschritten (Überstundenzuschläge führen zu Kostensteigerungen), Lohnforderungen und Rohstoffpreise steigen, steigende Kosten wiederum führen zu steigenden Preisen. Um Inflationsgefahren zu bekämpfen, erhöht die Notenbank den Zins – Anleihen gewinnen an Attraktivität.

Im darauf folgenden *Abschwung* führen rückläufige Gewinne bei den Unternehmen zu pessimistischeren Zukunftserwartungen, diese wiederum zu nachlassenden Investitionen (die Kapazitäten wurden bereits in der Aufschwungphase erweitert) und rückläufigem Konsum.

Bei den Aktien stellt sich heraus, daß die Gewinnprognosen zu euphorisch waren, Kursverluste sind die Folge.

In der *Rezession* schließlich zeigen die wirtschaftlichen Indikatoren nach unten, die Anleger sind mehrheitlich pessimistisch. Die Unternehmen konzentrieren sich auf den Abbau von Kosten – die Arbeitslosigkeit steigt und Investitionen finden vorwiegend zur Rationalisierung statt.

Der damit verbundene Kapazitätsabbau legt gleichzeitig den Grundstein für einen folgenden Aufschwung.

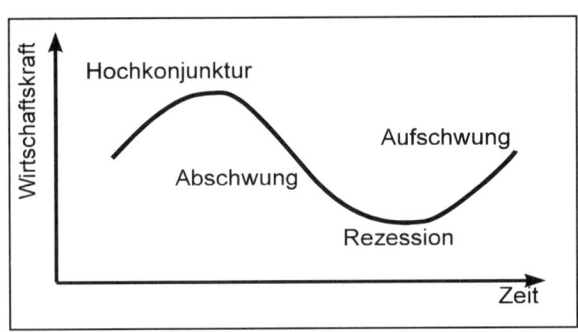

Abb. 1:

Konjunkturverlauf

6

II. Konjunkturindikatoren

Um Aussagen über die Börsenentwicklung treffen zu können, ist es auch entscheidend, die konjunkturelle Entwicklung möglichst frühzeitig zu erfassen. Daten wie das

→ *(Brutto-)Sozialprodukt* oder die

→ *Industrieproduktion*

sind dafür weniger gut geeignet, da diese erst mit Verspätung zur Verfügung stehen.

Der Schwerpunkt für die Aktienanalyse muß bei den sogenannten *Frühindikatoren* liegen. Diese ermöglichen mit einem zeitlichen Vorlauf von mehreren Monaten präzise Aussagen zur Wirtschaftsentwicklung. Der folgende Chart zeigt den Zusammenhang:
Würde die gestrichelte Linie (IFO-Konjunkturbarometer) um ca. ein Vierteljahr nach rechts verschoben werden, so wären die Linien oft nahezu deckungsgleich.

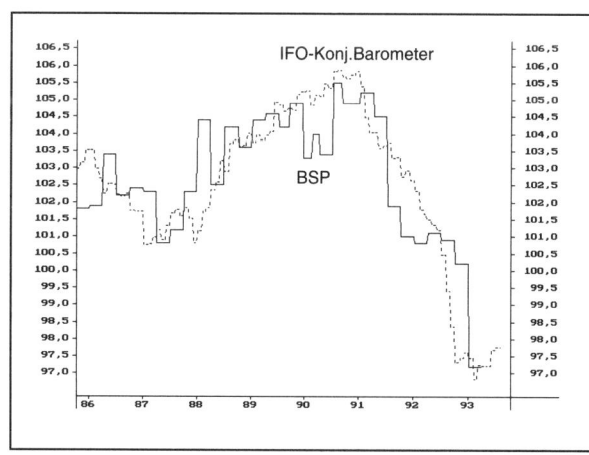

Abb. 2:

IFO-Konjunktur-barometer vs. BSP

7

1. Auftragseingänge

Nachdem für Börsenkurse nur künftige Gewinne wesentlich sind, muß auch vorrangig die künftige Wirtschaftslage analysiert werden.
Die *Auftragseingänge* sind oft geeignet, das künftige Produktionsvolumen in der verarbeitenden Industrie zu prognostizieren. Da diese Zahlen auch nach wirtschaftlichen Bereichen (Investitionsgüter, Verbrauchsgüter, Bauwirtschaft etc.) differenziert vorliegen, sind auch branchenspezifische Aussagen zu Entwicklungstendenzen möglich. Allerdings dürfen die Auftragseingänge nicht isoliert betrachtet werden, die *Lagerbestände* sind in diesem Zusammenhang auch von Bedeutung.

Zum Teil existieren den eigentlichen Auftragseingängen vorgelagerte Indikatoren – so gestattet in der Bauwirtschaft die Zahl der *erteilten Baugenehmigungen* Voraussagen über künftige Aufträge.

2. Stimmungsindikatoren

Sowohl Kaufentscheidungen als auch Investitionen werden letztendlich von den Erwartungen über die künftige wirtschaftliche Lage beeinflußt.
Wer rückläufige Absatzzahlen erwartet, wird kaum Erweiterungsinvestitionen tätigen, sondern stattdessen die Vorräte reduzieren; wer befürchtet in Kürze arbeitslos zu werden, wird im Einkaufsverhalten sparsamer.

Da Stimmungen und Meinungen somit nicht nur Auskunft über die künftige Entwicklung geben können, sondern diese auch beeinflussen, wurde eine Vielzahl von Indikatoren für diesen Bereich entwickelt.
Das *IFO-Geschäftsklima* gibt Auskunft über die Erwartungen einiger tausend Unternehmen. Dabei nennen die befragten Unternehmer ihre Erwartungen zur künftigen Wirtschaftsentwicklung, d.h. sie nennen Tendenzen wie "besser" – "gleich gut" – "schlechter". In diese Beurteilung fließen natürlich auch Fakten ein – so wird sich ein hoher Auftragseingang als Erwartung einer Verbesserung niederschlagen.

Für Prognosen zum Absatz geeignet sind dagegen Indikatoren wie *Konsumentenvertrauen (GFK-Index Konsumentenvertrauen)* oder der *Vertrauensindex der Einkaufsmanager.*

3. Zentrale volkswirtschaftliche Größen

Da die folgenden Indikatoren nur mit Verspätung verfügbar sind, ist ihre Bedeutung für die Aktienauswahl nach Meinung des Verfassers eher gering. Sie gestatten aber eine Lagebetrachtung.

Als die Summe aller in einer Volkswirschaft produzierten Güter und Dienstleistungen ist das *Sozialprodukt* die zentrale Größe der volkswirtschaftlichen Gesamtrechnung und ein sehr guter Maßstab für den allgemeinen wirtschaftlichen Zustand. Für die Prognose von Aktienkursen ist das Sozialprodukt, wie erwähnt, weniger gut geeignet – konjunkturelle Veränderungen werden bereits bei Bekanntwerden der "vorgelagerten" Zahlen (Auftragseingänge, Produktion etc.) in den Kursen vorweggenommen.

Die *Industrieproduktion* erlaubt – ebenso wie die *Kapazitätsauslastung* – Rückschlüsse auf die laufende Ertragslage. Wichtig sind diese Größen, weil sich bereits relativ geringe Schwankungen in der Auslastung deutlich auf die Gewinne der Unternehmen auswirken.

Über den tatsächlichen Absatz geben dann Kenngrößen wie *Einzelhandelsumsätze* oder die *Entwicklung von Lagerbeständen* Auskunft.

III. Geldmarktindikatoren

1. Zinsen

Die Aktie als *eine* Möglichkeit zur Geldanlage steht unter anderem in Konkurrenz zu Festgeld und Anleihen.

Wer mit Festgeld zehn Prozent Rendite erzielen kann und dem Aktienmarkt das gleiche Kurspotential zubilligt, wird die risikolose Alternative auswählen. Liegt der Festgeldsatz dagegen bei drei Prozent (wie zur Zeit in den Deutschland), ist diese Form der Geldanlage unattraktiv. Folglich wird ein Teil der Gelder in den Aktienmarkt umgeschichtet und sorgt dort für tendenziell steigende Kurse.
Verbinden sich niedrige Zinsen mit der Angst vor Kursverlusten in der Anleihe, gewinnt ebenfalls der Aktienmarkt an Interesse.

Das Umgekehrte gilt, wenn die Zinsen für langfristige Anleihen hoch sind, und zusätzlich Hoffnungen auf Kursgewinne bei Anleihen bestehen. Aktienkäufe sind dann weniger interessant.

Gerade über einen sehr langen Beobachtungszeitraum hinweg läßt sich ein signifikanter Zusammenhang zwischen den Renditen festverzinslicher Wertpapiere einerseits und Aktienkursen andererseits nachweisen. Im folgenden Chart wurden die Renditen der 10-jährigen Staatsanleihen "kopfstehend" (invers) dargestellt, um die Übereinstimmungen zwischen Zins- und Aktienmarktentwicklung zu verdeutlichen.

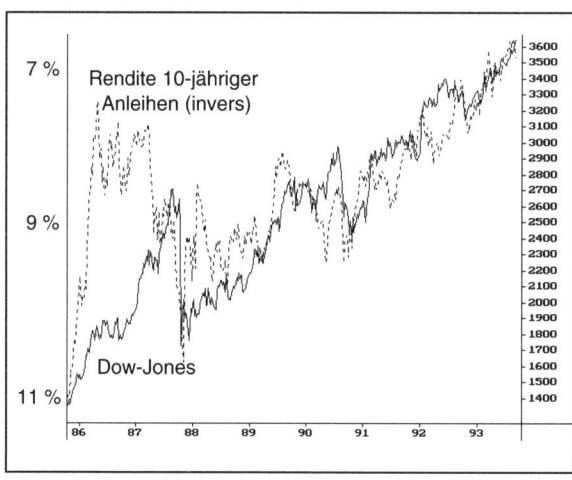

Abb. 3:

US-Zinsen (invers)
vs. Dow-Jones

10

Aber auch kurzfristig bestehen deutliche Zusammenhänge zwischen diesen beiden Entwicklungen. Das folgende Beispiel zeigt den Kursverlauf des DAX im Vergleich zum Rentenmarktindex REX:

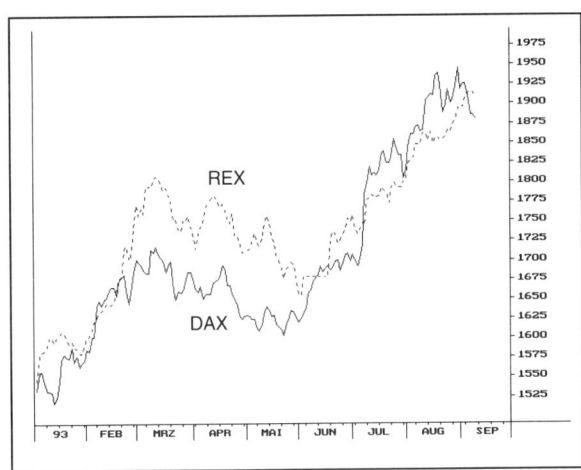

Abb. 4:

*Zinshausse am
dt. Aktienmarkt*

Diese Parallelen im Kursverlauf können jedoch auch verfälscht werden.
Bereits die Hoffnung auf Zinssenkungen wird von den Marktteilnehmern aufgrund der Kenntnis dieser Zusammenhänge vorweggenommen. Entsprechendes gilt natürlich auch für die Angst vor Zinssteigerungen.

Anlagetip:
Bei zu erwartenden Zinssenkungen empfehlen sich Aktienengagements.

Und selbst der gegenläufige Effekt ist denkbar. Im Zusammenhang mit der Wiedervereinigung haussierte die deutsche Börse trotz massiver Zinssteigerungen. Es wurden rapide steigende Unternehmensgewinne erwartet, eine Erwartung, die den negativen Einfluß der Zinsseite kompensierte.

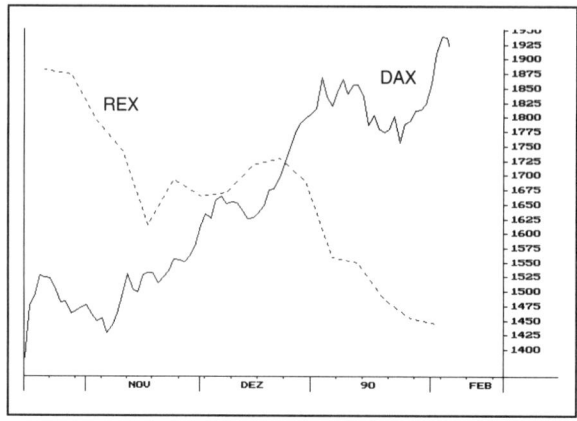

Abb. 5:

*Hausse trotz
Zinssteigerungen*

Der Verfasser möchte bereits an dieser Stelle auf die Bedeutung des Ertragswertes hinweisen – sowohl die Zinshausse, als auch die Hausse aufgrund
steigender Unternehmensgewinne läßt sich damit erklären.[7]

2. Geldmenge

Die Bezeichnung "Geldmenge" umfaßt die liquiden Mittel, die einer Volkswirtschaft zur Verfügung stehen.

	M1	M2	M3
Bargeldumlauf + Sichteinlagen	✓	✓	✓
Termineinlagen bis vier Jahre	–	✓	✓
Spareinlagen	–	–	✓

Tab. 1: Geldmengendefinition

Insbesondere die Bestandteile "Termingeld" und "Sichteinlagen" stehen –
zumindest teilweise – für eine Umschichtung in börsennotierte Wertpapiere,
wie Aktien, zur Verfügung.

---

[7] Der Ertragswert steigt bei rückläufigen Zinsen und/oder steigenden Unternehmensgewinnen.
 Ausführlich wird im zweiten Kapitel darauf eingegangen.

12

Dieser Chart zeigt den Zusammenhang:

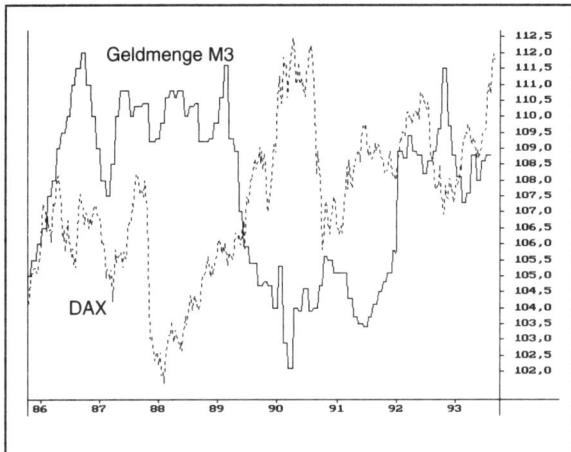

Abb. 6:

Geldmenge M3
vs. DAX

Festzustellen wäre Folgendes:

→ Eine sehr niedrige Geldmenge signalisiert oft fallende Aktienkurse (es
stehen relativ geringe Mittel zum Aktienkauf zur Verfügung),

→ eine sehr hohe Geldmenge kündigt eher steigende Aktienkurse an.

Auch dieser Indikator – separat betrachtet – stellt nur ein Indiz dar. Für eine
zuverlässige Prognose müssen nicht nur weitere Konjunkturindikatoren, sondern auch Stimmungsindikatoren hinzugezogen werden.

IV. Probleme

1. Zweckoptimismus

Sehr einfach wäre es, wenn man die Prognosen renommierter Wirtschaftsforschungsinstitute einfach übernehmen könnte.

Doch sind deren Prognosen, sofern sie denn tatsächlich eintreffen, bereits in den Kursen enthalten. Das besondere Problem ist hier aber: Diese Daten werden sehr häufig bewußt geschönt – ein Phänomen, das bei Aktienanalysen seriöser Institute nicht in diesem Umfang vorkommt.

Offiziellen Prognosen darf man nicht immer Glauben schenken![8]

Jede Regierung ist daran interessiert, daß die Wirtschaft gut läuft. Zum einen wollen Politiker sich im Wahlkampf auf die Schultern klopfen können – ein rapider Anstieg der Arbeitslosigkeit während der vergangenen Legislaturperiode macht sich nicht gut – zum anderen führt eine schlechte Wirtschaftsentwicklung zu Steuerausfällen.

Das Problem liegt darin, daß sich die Prognose eines Konjunkturrückganges als sogenannte "Self-Fullfilling-Prophecy" herausstellen kann. Auf die Ankündigung, daß die Wirtschaft im nächsten Jahr schrumpfen wird, reagieren die Unternehmen mit Investitionskürzungen. Die Produktion von Investitionsgütern geht damit zurück – und bildet gleichzeitig das erste Signal für einen Abschwung. Die ersten Verbraucher, die ihre Arbeitsplätze in Gefahr sehen, schränken ihre privaten Ausgaben ein, bei den Unternehmen wird die Besetzung von freien Stellen verschoben, die Spirale beginnt sich zu drehen.

Umgekehrt kann bereits reiner Zweckoptimismus eine positive Wirtschaftsentwicklung zur Folge haben.

Entsprechend jagt seit Ende 1991 eine Ankündigung des Aufschwungs die nächste. Zunächst zu den Fakten:[9]

---

[8] Ein Beispiel für bewußte Fehlprognosen bietet die deutsche Wiedervereinigung. Es mußte allen Entscheidungsträgern klar sein, daß die Industrie in den neuen Bundesländern nicht konkurrenzfähig ist. (Wenn sie es bei minimalen Löhnen in Ost-Mark nicht war, dann erst recht nicht bei höheren Löhnen in DM.) Dieses Wissen um eine künftig stark steigende Arbeitslosigkeit wurde unterdrückt, um die Wiedervereinigung nicht an Widerständen der Bürger in den alten **und** neuen Bundesländern scheitern zu lassen.
In diesem Zusammenhang soll auch darauf hingewiesen werden, daß die bekannten Wirtschaftsforschungsinstitute finanziell durchweg vom Staat abhängig sind.
[9] Vgl. Monatsberichte der Deutschen Bundesbank

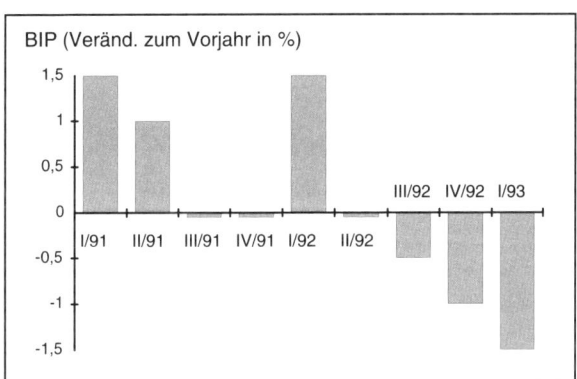

Abb. 7:

BIP-Zahlen

Gut erkennbar ist, wie es sich mit dem versprochenen Aufschwung verhalten hat. Einige Prognosen mit ihren Überschriften sollen trotzdem noch Erwähnung finden:

→ Mitte November 1991: *"Der nächste Frühling kommt bestimmt"*:
Das Wachstum für 1992 wurde auf 2.5 % geschätzt[10].

→ Anfang April 1992: *"Industrie erwartet 1993 die Wende"*:
Ab dem vierten Quartal 1992 sollte es wieder aufwärts gehen. Für 1993 wurden 3 % Produktionswachstum erwartet[11].
Tatsächlich aber stürzte die Nettoproduktion des verarbeitenden Gewerbes von einem Indexstand von 128,2 (Oktober 1992) auf 111,2 Punkte (Juni 1993)[12].

→ Diese Aufzählung von Beispielen ließe sich beliebig fortsetzen: So wurde u.a. 1996 die Hoffnung, daß die Wirtschaft in den neuen Bundesländern der Wachstumsmotor werden würden, enttäuscht.

---

[10] Vgl. Börse Online, Heft 47/91
[11] "Prognose 100" des IFO-Instituts aufgrund einer Umfrage unter 401 Industriebetrieben (Börse-Online, Heft 15/92)
[12] Vgl. Bundesbank, Monatsbericht 8/93

Interessant ist dabei, daß sich so ein Zweckoptimismus zeitweilig in höheren Aktienkursen niederschlagen kann, (nicht unbedingt, weil der einzelne Anleger dies glaubt, sondern weil dieser erwartet, daß die anderen es glauben).

2. Wirkung auf die Börsenkurse

Zwei wichtige Einflußgrößen relativieren die theoretisch hohe Bedeutung der wirtschaftlichen Entwicklung auf die Börsenkurse.

Vielfältige *psychologische Momente* – angefangen bei der Angst vor Kursverlusten bis hin zur Vorwegnahme einer künftigen Wirtschaftserholung – spielen eine wichtige Rolle.

Wie bereits bei den Ausführungen zum Ertragswert erwähnt, stellt die *Zinsentwicklung* eine wichtige Größe dar. Da ein konjunktureller Abschwung meist mit Zinssenkungen verbunden ist, werden rückläufige Ertragserwartungen durch die Zinssenkungshoffnungen partiell neutralisiert.

Entsprechend gering ist oft der Zusammenhang zwischen Wirtschaftsentwicklung und Aktienkursen.

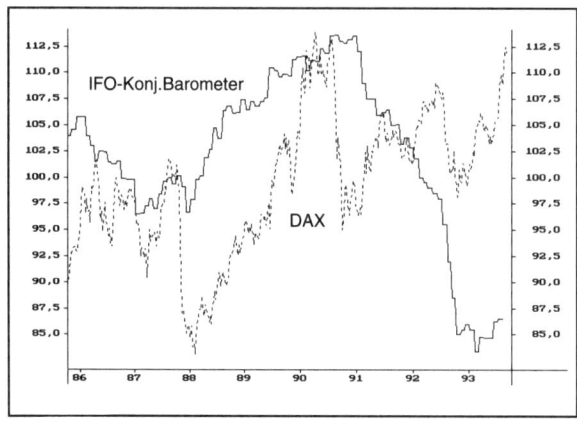

Abb. 8:

IFO-Konjunktur-barometer vs. DAX

Zwar zeigte sich ein deutlicher Zusammenhang zwischen der Aktienkursentwicklung und der wirtschaftlichen Lage im Zeitraum von Mitte 1987 bis Ende

16

1990. Danach stieg der DAX allerdings trotz abflauender Konjunktur – Hoffnungen auf eine Verbesserung der Wirtschaftslage und auf Zinssenkungen wurden zu den entscheidenden Antriebsfaktoren für die Aktienkurse.

Die volkswirtschaftliche Analyse ist ein Aspekt, der bei der Aktienauswahl eine gewisse Berücksichtigung finden sollte.
Gerade der erwähnte Zwiespalt – eine schlechte wirtschaftliche Entwicklung wird durch Zinssenkungen kompensiert, erfreuliche Daten werden oft durch Zinssteigerungen zunichte gemacht – relativiert jedoch die Bedeutung einer volkswirtschaftlichen Betrachtung.

Einige Schlußfolgerungen lassen sich dennoch ziehen:

→ Erwartet der Anleger Zinssenkungen und einen Abschwung, dann sollte er Zinsgewinner, d.h. Aktien mit stabilen Erträgen, bevorzugen.

→ Im Aufschwung sind Umschichtungen erforderlich – in dieser Phase steigen die Erträge der konjunkturabhängigen, d.h. "zyklischen" Aktien. Diese Gewinnsteigerungen lassen trotz anziehender Zinsen immer noch gute Kursgewinne erwarten.

Oft wichtiger als eine präzise Einschätzung des Marktes ist jedoch die Auswahl der richtigen Aktien – darüber mehr in den folgenden Kapiteln.

2. Kapitel:

Traditionelle Aktienanalyse

Die traditionelle Aktienanalyse läßt sich prinzipiell in zwei Teilbereiche untergliedern.

Die *technischen Analyse*, die sich mit der Auswertung von Kursgrafiken, den dazugehörigen Umsätzen, sowie den daraus abgeleiteten Indikatoren beschäftigt, ist wichtig. Und sei es, weil sich mit *einem* Blick auf den Chart erkennen läßt, wie es dem Unternehmen geht.

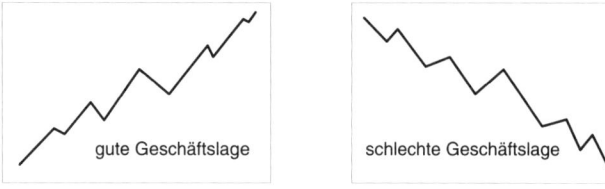

Abb. 9: Grundaussage der Chartanalyse

Verwendet wird diese Methode primär zur Ermittlung des optimalen Kaufzeitpunktes und im Rahmen kurzfristiger Spekulationen. So orientiert sich der Handel von Terminkontrakten vorwiegend an Ergebnissen der technischen Analyse.

Die *Fundamentalanalyse* hingegen konzentriert sich auf die Beurteilung und Auswertung von Informationen zu einzelnen Unternehmen und Volkswirtschaften. Langfristige Anlageentscheidungen institutioneller Anleger (und insbesondere der Investmentfonds) stützen sich überwiegend auf die Ergebnisse der Fundamentalanalyse.
Diese Methode der Aktienauswahl ist Gegenstand des vorliegenden Buches.

I. Aktienbewertung als Sonderfall der Unternehmensbewertung

Aktien sind nichts anderes als Anteilsrechte an bestehenden Unternehmen.
Wie der Wert jeder Investition ist auch der Wert eines Unternehmens davon abhängig, ob und in welcher Höhe Gewinne erzielt werden. Daher bestimmt sich der Wert eines Unternehmens im Regelfall nach seinem *Ertragswert*. Dabei wird, wie es auch der Praxis entspricht, eine langfristige Fortführung des Unternehmens unterstellt.
Die Ausnahmen von dieser Regel, wie etwa Auflösung (Liquidationswert) und Übernahme (meist Reproduktionswert, aber auch Substanzwert) sind von geringerer Bedeutung[13].

1. Ertragswert

Der Ertragswert wird wie folgt ermittelt:
Unter der Annahme, daß ein Gewinn umso wertvoller ist, je eher man über ihn verfügen kann, wird – ähnlich wie bei einem Zerobond oder einem abgezinsten Sparbrief – ein Zinsabschlag für künftige Gewinne vorgenommen. Bei einem (Diskontierungs-)Zinssatz von beispielsweise 8 % sind 100 DM Gewinn, über die erst in einem Jahr verfügt werden kann, heute nur 92 DM wert.

Es wird also bei der Ermittlung des Ertragswertes nicht der künftige Gewinn in seiner vollen Höhe angesetzt, sondern nur der "heutige" Wert (=Barwert). Entsprechend wird mit einem möglichen Restwert bei Auflösung des Unternehmens verfahren.
Der Ertragswert, und damit der Wert eines Unternehmens, stellt sich mathematisch somit als die Summe der Barwerte aller künftigen Gewinne dar.

---

[13] Zu einigen Grundlagen der Unternehmensbewertung vgl. u.a.: Hahn, Oswald, "Finanzwirtschaft", Landsberg/Lech 1983.

Auf den Restwert soll hier nicht eingegangen werden. Normalerweise werden Unternehmen "ewig" weitergeführt. Bei weitem nicht jedes Unternehmen wird ein Opfer von Übernahme, Zerschlagung oder Konkurs[14].

Damit läßt sich das Bewertungsproblem auf zwei Faktoren reduzieren:

 Den *Zinssatz*

Für die Ermittlung der Barwerte ist es notwendig, einen Diskontierungszinssatz zu kennen. Dieser orientiert sich oft an der Anleihenrendite und ist damit von der Lage auf den Kredit- und Rentenmärkten abhängig. Rückläufige Zinsen am Anleihenmarkt führen dazu, daß künftige Gewinne aus heutiger Sicht mehr wert sind; damit steigt der Ertragswert – und vice versa.
Dies ist gleichzeitig eine Erklärung dafür, daß Aktienkurse oft bei steigenden Zinsen fallen und umgekehrt. (Verzinsliche Anlagen sind bei niedrigen Zinsen natürlich vergleichsweise unattraktiv und verlocken zum Umschichten in Aktien.)

> Anlagetip:
> Je niedriger der Zins, desto höher ist der Unternehmenswert und das angemessene Kurs-Gewinn-Verhältnis.

➤ Die *Unternehmensgewinne*

Mindestens ebenso wichtig für die Unternehmensbewertung, und damit für die Aktienkurse, sind die künftigen Gewinne des jeweiligen Unternehmens, da diese im wesentlichen den Ertragswert bestimmen. Nachteilig ist nur, daß meist lediglich Schätzungen für die nahe Zukunft vorliegen.

> Anlagetip:
> Je höher die *künftigen* Gewinne, desto höher ist der angemessene Aktienkurs.

---

[14] Zu den Sonderfällen: siehe 7. Kapitel.

Die sehr hohe Bedeutung künftiger Gewinne erklärt die oft extremen Reaktionen der Börse auf eine Änderung von Gewinnschätzungen und/oder auf Abweichungen zwischen erwarteten Gewinnen und tatsächlich ausgewiesenen Ergebnissen. Am deutlichsten ist dieser Mechanismus an der Wall-Street erkennbar.

Der Verfasser möchte das Vorgehen zur Ermittlung des Ertragswertes auf zwei einfache Fälle beschränken:

→   den Ertragswert bei konstanten Gewinnen,

→   den Ertragswert bei einer stetigen Veränderung der Gewinne.

a. Ertragswert bei konstanten Gewinnen

Bei konstanten Gewinnen ist der Ertragswert lediglich von einer Variablen, nämlich dem Diskontierungszinssatz, abhängig. Dieser ist in Form der Rendite für langlaufende Anleihen bekannt.

Die Formel für den Ertragswert stellt sich bei konstanten und sicheren Gewinnen sehr einfach dar:

$$\text{Ertragswert} = \frac{\text{(jährlicher) Gewinn}}{\text{Zins (in \%)}} \times 100$$

oder, auf Aktienkurse bezogen:

$$\text{Kurs} = \frac{\text{Gewinn je Aktie}}{\text{Zins (in \%)}} \times 100$$

Es besteht mithin eine direkte Beziehung zwischen der Gewinnrendite von Aktien (diese ist als Kehrwert des Kurs-Gewinn-Verhältnisses definiert) und der Anleihenrendite.

Anleihen	Aktien	
Anleihenrendite	"gerechtfertigtes" KGV	Gewinnrendite
6 %	16,6	6 %
8 %	12,5	8 %
10 %	10,0	10 %
12 %	8,3	12 %

Tab. 2: Beziehung zwischen Aktien- und Anleihenbewertung

Mit anderen Worten:
Bei einem Anstieg der Zinsen von 5 % auf 10 % sinkt der Ertragswert auf die Hälfte. Halbieren sich die Zinsen, verdoppelt sich der Ertragswert.

Bei Anlageentscheidungen für oder gegen Aktien mit geringen Gewinnschwankungen – ein typisches Beispiel sind Versorgungswerte – muß somit die erwartete Entwicklung am Anleihemarkt entscheidend sein.
In Phasen absehbarer Zinssteigerungen sollten bereits aus dieser Überlegung heraus ertragsstabile Aktien verkauft werden. Gleichzeitig empfehlen auch konjunkturelle Überlegungen die Umschichtung in zyklische Aktien.

Anlagetip:
Für Engagements in Aktien mit stabilen, aber stagnierenden Gewinnen vorwiegend die künftige Zinsentwicklung beachten!

b. Ertragswert bei stetiger Gewinnentwicklung

Eine kurze Grafik soll verdeutlichen, daß sich der Ertragswert bei einem Gewinnrückgang bzw. Gewinnanstieg rapide verändert.
Für dieses Beispiel wurde ein fiktives Unternehmen mit einer stetigen Gewinnveränderung gewählt, und die Barwerte der Gewinne (Abzinsungssatz: 7,5 %) für die nächsten zehn Jahre ermittelt.

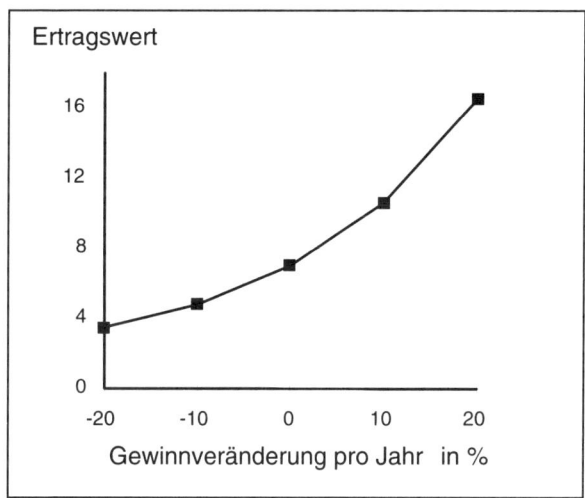

Bereits diese Grafik zeigt, daß steigende Gewinne ein höheres Kurs-Gewinn-Verhältnis der Aktie rechtfertigen.
Ein anderes Beispiel:

Fiele in den nächsten 50 Jahren der Gewinn jährlich um 20 %, so läge der Ertragswert beim 3,7fachen des aktuellen Gewinns, mithin wäre heute ein Kurs-Gewinn-Verhältnis von 3,7 gerechtfertigt.
Zur Verdeutlichung: Der Gewinn eines Großunternehmens (1 Mrd. DM) würde dabei auf das Niveau eines Kleingewerbetreibenden (14.000 DM) schrumpfen.

Stiege dagegen der Gewinn im selben Zeitraum um jährlich 20 %, so läge der Ertragswert beim 2369fachen des aktuellen Gewinns (d.h., ein KGV von 2.369 wäre angemessen).

Dieser Fall ist zugegebenermaßen völlig unrealistisch. Über einen Zeitraum von 50 Jahren verändern sich Gewinne nicht in konstanten Jahresraten, und auch der daraus errechnete Ertragswert ist mehr hypothetischer Natur.
Dennoch wurde diese Berechnung hier durchgeführt, um darzustellen, wie immens wichtig Wachstum für die Aktienbewertung ist.

Folgende Grafik soll diesen Sachverhalt nochmals unterstreichen:

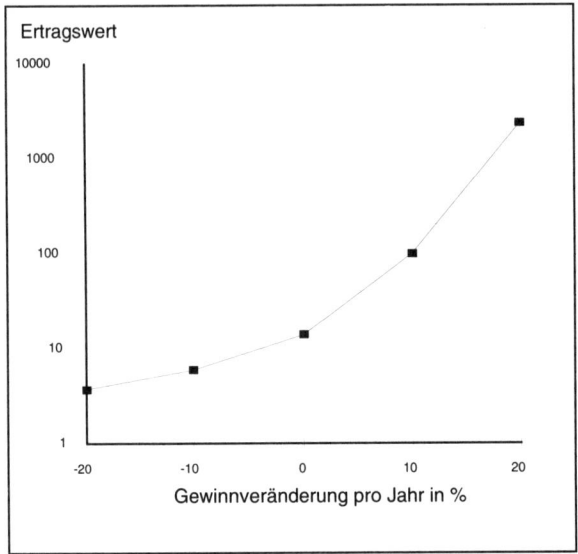

Ertragswert

10000

1000

100

10

1

-20   -10   0   10   20

Gewinnveränderung pro Jahr in %

Abb. 11:

Ertragswert II

Dieses Schaubild zeigt sehr deutlich: Ein Blick auf das aktuelle Kurs-Gewinn-Verhältnis liefert zu wenig Informationen darüber, ob eine Aktie teuer oder billig ist. Bei einem Unternehmen mit langsam, aber stetig schrumpfenden Gewinnen kann ein KGV von 10 schon sehr hoch sein – läßt die Aktie dagegen stetig steigende Gewinne erwarten, ist ein KGV von 20 außerordentlich günstig.

Anlagetip:

Ein niedriges KGV zeigt bei rückläufigen Erträgen keine Kaufgelegenheit an.

Anlagetip:

Ein außergewöhnliches Gewinnsteigerungspotential rechtfertigt auch ein optisch sehr hohes KGV.

2. Substanzwert

Unter dem Substanzwert versteht man die Summe aller Vermögenswerte eines Unternehmens, und zwar *nicht* den Wertansatz in der Bilanz, sondern den tatsächlichen Wert. Dieser umfaßt nicht allein die materiellen Vermögenswerte einschließlich der sogenannten "stillen Reserven", sondern auch und insbesondere die immateriellen Vermögenswerte.

Anlagetip:
Niemals den Buchwert mit dem Substanzwert verwechseln!

Anlaß für Spekulationen in Zusammenhang mit dem Substanzwert ergab sich in der Vergangenheit häufig bei Aktien mit hohem Grundbesitz. Erinnert werden soll hier nur an die Spekulationen mit der I.G.-Farben-Aktie im Rahmen der Wiedervereinigung. Die – eigentlich vage – Hoffnung auf Rückgabe des umfangreichen Grundbesitzes in der ehemaligen DDR führte zu einer Verdreifachung des Aktienkurses in kurzer Zeit.

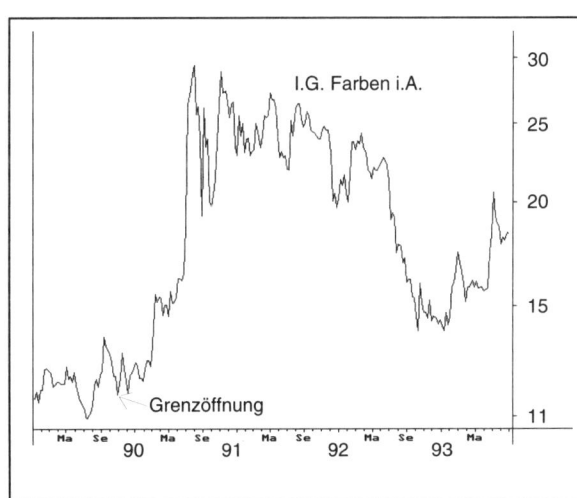

Abb. 12:

Substanzspekulation
bei I.G. Farben

25

Der (Klein-)Aktionär kann sich von einem hohen Substanzwert erst dann etwas kaufen, wenn andere Investoren den Aktienkurs in die Nähe des Substanzwertes hochziehen. (Idealfall: Übernahme) Wieviel diese zu zahlen bereit sind, hängt dabei in hohem Umfang von deren Absichten ab. So kommt im Falle einer Übernahme

→ der Reproduktionswert in Ansatz, falls das Unternehmen fortgeführt werden soll;
→ der (geringere) Liquidationswert dagegen bei einer geplanten Zerschlagung.

Besonders interessant wird der Substanzwert für den Aktionär, wenn sich aufgrund eines Wechsels im Management eine ertragreiche Nutzung der Substanz erwarten läßt.
Die Baumarktkette BayWa ist solch ein Beispiel. Spekulationen in dieser Aktie wurden zunächst primär auf den Substanzwert gegründet. Später basierte das Kaufinteresse hauptsächlich auf einer ertragreichen Umsetzung der Substanz, nachdem ein Wechsel im Vorstand eine mehr gewinnorientierte Unternehmenspolitik erwarten ließ.[15]

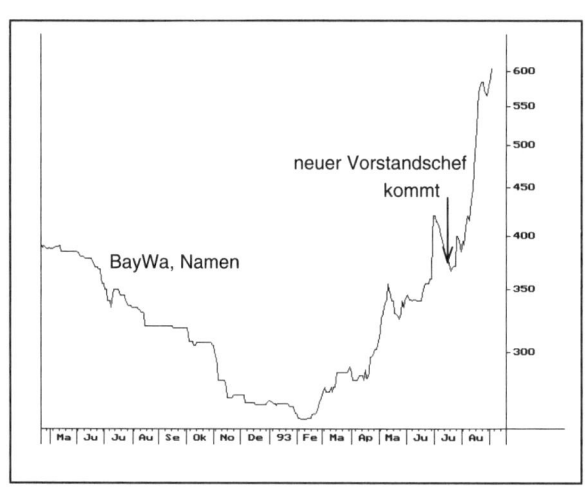

Abb. 13:

Spek. auf Umsetzung der Substanz bei BayWa

---

[15] Vgl. BO 34/93; sicher war der anstehende Wechsel lange vor dem "Dienstantritt" des neuen Vorstandsvorsitzenden bekannt, so daß der Kurs bereits vorher angezogen hat.

II. Grundsätzliches zu Kennzahlen von Aktien

Viele Kennzahlen der Aktienanalyse liefern interessante Informationen zur finanziellen Lage und zur Ertragskraft eines Unternehmens.
Der Verfasser wirft vor Kaufentscheidungen auch fast immer zumindest einen Blick auf Gewinnschätzungen, Umsatzrendite und andere Zahlen (sofern verfügbar).

Gewarnt werden soll nur vor einer Überbewertung dieser Zahlen.

Ein wichtiger Grund für die sehr oft ablehnende Haltung des Autors zur "Zahlenverliebtheit" soll schon jetzt darlegt werden:
Im Zeitalter der zunehmenden Computerisierung werden ohnehin fast alle Aktien nach kennzahlenorientierten Scoringmodellen überwacht. Dies kann dann nach folgendem Motto ablaufen: Suche (unter den zehntausend erfaßten Aktien) alle mit einem Kurs-Gewinn-Verhältnis < 10, einem Kurs-Buchwert-Verhältnis < 1, einem durchschnittlichen jährlichen Gewinnwachstum der letzten fünf Jahre > 10 %. Ein Knopfdruck – und schon liegt eine Liste mit den besten Aktien im Laserdrucker.
Man muß nur noch überlegen, wie man die Gewinne ausgibt. (?)
Entsprechend stuft der Verfasser auch die neueste Entwicklung auf diesem Gebiet ein: Computerprogramme (Neuronale Netze[16]), die eine Vielzahl von Vergangenheitsdaten auf Zusammenhänge und sich wiederholende Muster untersuchen. Dabei soll das Programm Parallelen zwischen verschiedenen Zeitreihen erkennen und auf dieser Basis Prognosen für die Zukunft ableiten können.
Solche Systeme sollen z.B. beim US-Dollar schon eine Trefferquote von 80 % haben. (Seltsam nur, daß sich die Erfinder damit beschäftigen, solch ein Programm zu verkaufen, anstatt es für sich selbst zu nutzen.)

---

[16] Immerhin: Neuronale Netze sind schon so weit entwickelt, daß es Rechnern unter anderem möglich ist, Personen aus verschiedenen Blickwinkeln zu erkennen. (Sehr beeindruckend! Ein Kind beherrscht dies im ersten Lebensjahr). Angeblich soll ein neuronales Netz (Zweck: Steuerung von Waffensystemen zur Hubschrauberabwehr) auch schon in der Lage gewesen sein, einen Hubschrauber mit einem Deckenventilator zu verwechseln. Schlimm ist nur, daß dies - wenn man weiß, daß neuronale Netze auf Mustererkennung (hier: rotierende Metallflügel) basieren - auch glaubhaft ist.

Einige Fakten scheinen die Auffassung, daß ein exzessiver EDV-Einsatz inzwischen abzulehnen ist, zu bestätigen. So veröffentlichte der renommierte US-Börsendienst "Value-Line"[17] Ergebnisse verschiedener Anlagestrategien für die Jahre 1966 bis 1992. Erfaßt wurden, neben dem Erfolg der eigenen Einstufung von Aktien und der Entwicklung des Value-Line-Indexes, die Anlageergebnisse von vier Strategien:

→ Kauf von Aktien mit niedrigem Kurs-Gewinn-Verhältnis,
→ Kauf von Aktien mit niedrigem Kurs-Buchwert-Verhältnis,
→ Kauf von Aktien mit niedrigem Kurs-Umsatz-Verhältnis,
→ Kauf von Aktien mit geringer Marktkapitalisierung.

Die folgenden Grafiken zeigen – über drei 9-Jahres-Zeiträume hinweg – die Ergebnisse der ersten drei Strategien; jeweils im Vergleich zum 1700 Werte umfassenden Value-Line-Index.

Die Performance der ertragreichsten Auswahlmethode (geringe Marktkapitalisierung, d.h. kleine Aktien) wird später vorgestellt (vgl. Abb. 74).

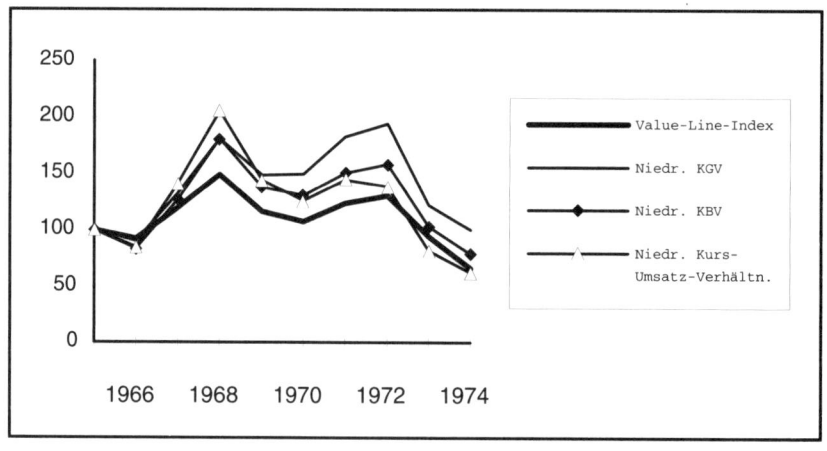

Abb. 14: Drei Anlagestrategien 1966-1974

---

[17] Value-Line, Part 2, vom 17. Juli 1992 und vom 22. Jan. 1993

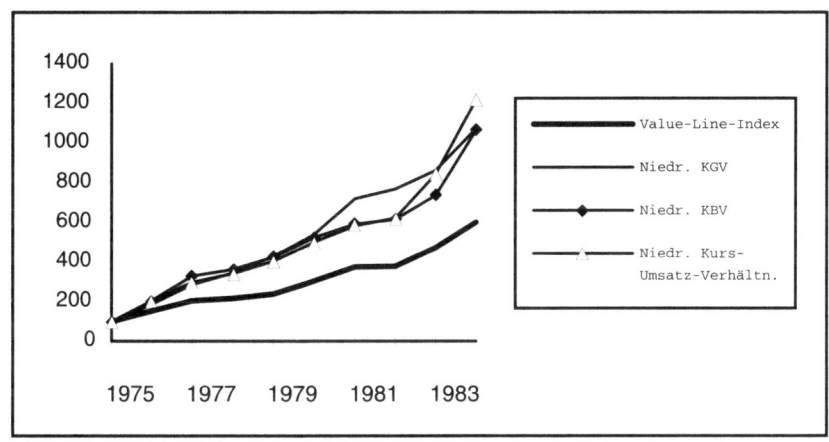

Abb. 15: Drei Anlagestrategien 1975-1983

Wie oben gezeigt, konnten in den ersten beiden 9-Jahres-Perioden dank dieser Strategien offensichtlich zum Teil deutlich bessere Ergebnisse als mit einer Indexanlage erzielt werden.

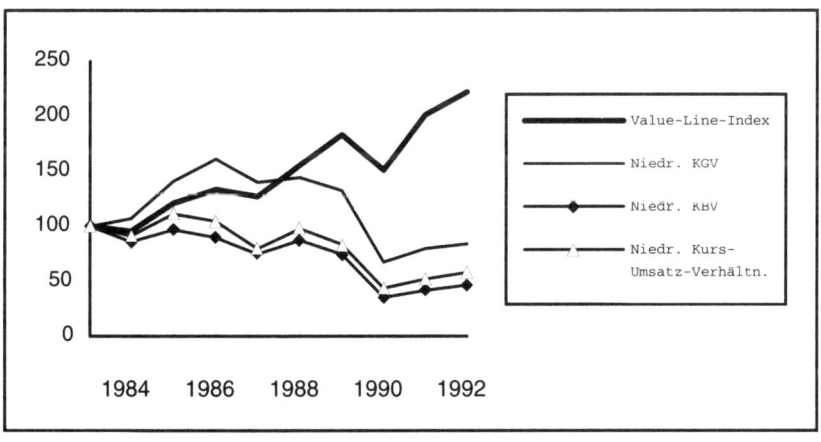

Abb. 16: Drei Anlagestrategien 1984-1992

Von 1984 bis 1992 hingegen fiel das Anlageergebnis bei Anwendung dieser Strategien deutlich schlechter aus. Warum?

Eine Erklärung könnte wie folgt aussehen:
Die stärkere Verbreitung von Computern, billiger Speicherplatz, die damit verbundene Ausweitung des Angebots von On-Line-Datenbanken, sowie der schnelle elektronische Datenaustausch führten dazu, daß jeder Anleger nach Belieben die entsprechenden Kennzahlen aktuell erhalten konnte. Wenn jeder diese Informationen nutzen kann, dann führt das zu einer Überbewertung der Kennzahlen und macht diese somit weniger aussagekräftig.[18]

Um es nochmals zu betonen: Man sollte Zahlen keineswegs ignorieren – aber sie müssen in einem gesunden Verhältnis zu den Erfolgsaussichten des Unternehmens stehen.

Darüber hinaus sollte sich jeder Anleger der Tatsache bewußt sein, daß Bewertungswahlrechte dem Unternehmen sehr große Freiheiten beim Gewinnausweis einräumen. Salopp ausgedrückt: Eine gute Bilanz ist in Wirklichkeit noch besser, eine schlechte Bilanz noch schlechter als sie aussieht.
So kann ein Unternehmen, das Schwarz-Weiß-Fernsehgeräte zu Kosten von 10.000 DM pro Stück produziert, die Herstellungskosten in der Gewinn- und Verlustrechnung als Erträge verbuchen (Erhöhung des Bestands an Fertigerzeugnissen).

Mittels der bilanzpolitischen Instrumente lassen sich auch die meisten Kennzahlen der Aktienanalyse fast beliebig manipulieren.
Rütting und Weber[19] haben für ein Unternehmen den Gestaltungsspielraum ausgelotet. Dabei sollten einerseits möglichst gute Ergebnisse (Ziel 1) und anderer-seits möglichst schlechte Ergebnisse (Ziel 2) sichtbar werden.
Die folgende Tabelle faßt einige der daraus resultierenden Kennzahlen zusammen.

---

[18] Ähnlich: Trenner, Aktienanalyse und Anlegerverhalten, S. 221; Und wie ging es seit der ersten Auflage dieses Buches weiter (Anfang 1994 bis Mitte 1996)? Der Value-Line-Index konnte 20 Prozent zulegen; Aktien mit niedrigem KGV 9 Prozent; Aktien mit niedrigem KBV 13 Prozent und Aktien mit niedrigem KUV 9 Prozent!
[19] "Bilanzanalyse und Bilanzpolitik nach neuem Bilanzierungsrecht", nach: Manager-Magazin 6/92.

Kennzahl	Ziel 1 ("gutes Ergebnis")	Ziel 2 ("schlechtes Ergebnis")
Eigenkapitalrendite	25,6 %	1,5 %
Umsatzrendite	2,4 %	0,4 %
Eigenkapitalquote	40,1 %	33 %
KGV	3,3	75,5

Tab. 3: Möglichkeiten der Bilanzgestaltung

Fazit: Die Aktie ein und desselben Unternehmens erscheint bei einer "gepflegten" Bilanz extrem günstig bewertet; bei einer anderen Bilanzpolitik dagegen wirkt sie sehr teuer.

Anlagetip:
Für Vergleiche zwischen Aktien sollten einheitliche Bilanzierungsmaßstäbe herangezogen werden (in Deutschland z.B. DVFA[20]-Ergebnisse).

Dazu kommt, daß weder Bilanz noch Gewinn- und Verlustrechnung international vergleichbar sind.

Hierzu ein Beispiel[21]: Anläßlich der Aktieneinführung an der New York Stock Exchange mußte Daimler Benz die Ergebnisse sowohl dem deutschen, als auch dem amerikanischen Bilanzrecht entsprechend veröffentlichen. Das Ergebnis für das erste Halbjahr 1993: 117 Mio. DM Gewinn nach deutschem Recht – aber fast eine Milliarde DM Verlust nach US-Recht.

---

[20] Die DVFA-Formel (entwickelt von der Deutschen Vereinigung für Finanzanalyse und Anlageberatung) ermittelt den Gewinn nach standardisierten Regeln, insbesondere von außerordentlichen Komponeten bereinigt.
[21] Vgl. Wirtschaftswoche, Heft 39/93

III. Bewertungsmodelle auf der Basis von Vergangenheitsdaten

In einem Wirtschaftsmagazin[22] wurden 526 börsennotierte Aktiengesellschaften sowie 100 nicht börsennotierte Unternehmen analysiert, und dabei nicht weniger als 500.000 Bilanzdaten, basierend auf den Kursen vom 28.08.92, ausgewertet.

Grundlage dieser Analyse war das RSW-Verfahren der Universität Kiel, entwickelt von Professor Reinhart Schmidt.

➤ Datenbasis:

Bei Industrie, Handel und Verkehr wurden die Daten der letzten drei Jahre, bei Banken und Versicherungen jene der letzten fünf Jahre herangezogen. Durch Auswahl der Bilanzkennzahlen und der verwendeten Analysetechnik wurde die Vergleichbarkeit der beiden Unternehmensgruppen (Industrie/Handel/ Verkehr vs. Banken/Versicherungen) sichergestellt.

➤ Zum Verfahren:

Im Rahmen der Analyse wurden die Unternehmen nach Rendite, Sicherheit und Wachstum bewertet und ein Gesamtscore gebildet.

Der errechnete RSW-Score erhebt den Anspruch, "eine Tendenzaussage" zuzulassen, "ob der jeweilige Börsenkurs unter fundamentalen Gesichtspunkten hoch, angemessen oder niedrig ist"[23].

➤ Empirische Überprüfung seitens des Autors:

Es wurden zwei fiktive Wertpapierdepots angelegt und jeweils zu den Kursen vom 28.08.1993 die 20 teuersten bzw. die 20 billigsten börsennotierten Aktien gekauft. Der Anlagebetrag je Aktie betrug jeweils ca. 10.000 DM.

Kapitalveränderungen wurden bei der Performance berücksichtigt, jedoch keine Dividendenzahlungen. Um die Vernachlässigung der Dividenden auszugleichen, wurde der FAZ-Index, der ebenfalls nicht dividendenbereinigt ist, als Referenzmaßstab gewählt.

---

[22] Vgl. Kai Baden u.a., Manager-Magazin 11/92, S. 114-191
[23] Ebenda, S. 118f

Die beiden folgenden Grafiken zeigen die Wertentwicklung eines Depots mit den 20 teuersten Aktien und die eines Depots mit den 20 billigsten Aktien, jeweils im Vergleich zum FAZ-Index.

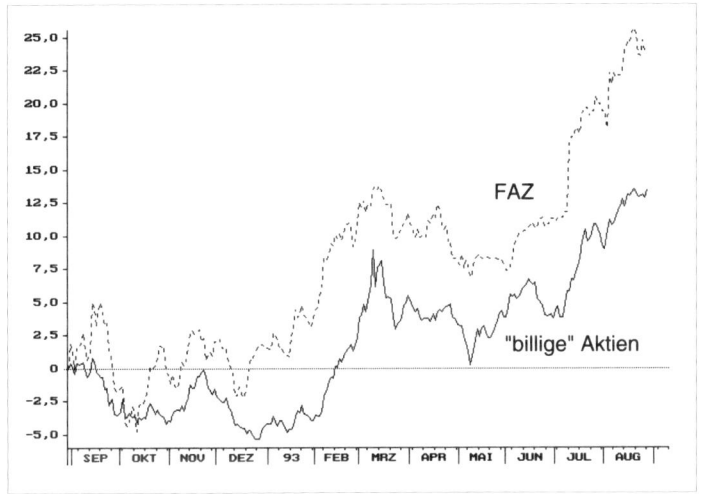

Abb. 17: FAZ und "billige" Aktien

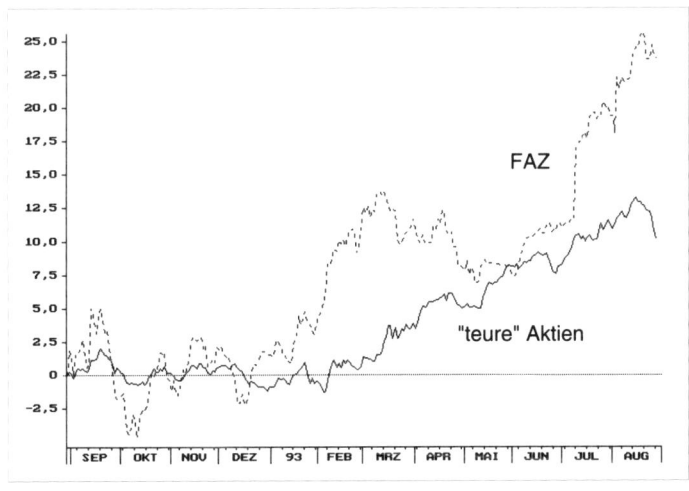

Abb. 18: FAZ und "teure" Aktien

33

Ein Kommentar erscheint fast überflüssig – beide Aktiengruppen zeigten eine deutlich schlechtere Performance als der Index.

Und der Vergleich beider Aktiengruppen untereinander? Tatsächlich zeigten die "billigen" Aktien eine etwas bessere Kursentwicklung. Die auffällig höheren Kursschwankungen zeigen aber, daß der Mehrertrag mit wesentlich höheren Risiken erkauft werden mußte. Damit erwiesen sich gerade die "billigen" Aktien als für konservative Investoren ungeeignet.

Als Fazit läßt sich feststellen, daß das RSW-Scoring-Verfahren zumindest auf Sicht eines Jahres zur Ergebnisoptimierung eines Wertpapierdepots ungeeignet ist.

Trotz des relativ kurzen Beobachtungszeitraumes erschien es dem Verfasser angemessen, die Beobachtung nach einem Jahr abzubrechen, da sich nach Ablauf des Jahres die Datenbasis vollständig verändert hatte (für alle Werte lagen neue Bilanzen und damit auch neue Analysedaten vor). Ob sich das Ergebnis bei einer längerfristigen Anwendung dieses Verfahrens zum Guten verändern würde, kann nicht beurteilt werden.

Im Übrigen: Es soll hier auch nicht behauptet werden, daß das RSW-Verfahren *nie* funktioniert; es ist lediglich nicht zuverlässig.

IV. Der Gewinn als wesentliche Größe

Die hohe Bedeutung, die dem Gewinn für die Aktienbewertung zukommt, wurde bereits bei der Darstellung des Ertragswertes erläutert. In diesem Abschnitt soll ausführlich darauf eingegangen werden.

In der Fundamentalanalyse wird der Unternehmensgewinn meist auf die einzelne Aktie bezogen. Es ergibt sich:

→   der Gewinn je Aktie (der sich aus dem Gewinn der gesamten Unternehmung – geteilt durch die Zahl der ausstehenden Aktien – errechnet),

→   das Kurs-Gewinn-Verhältnis, kurz KGV oder PER (Price-Earning-Ratio), welches sich aus dem Aktienkurs – geteilt durch den Gewinn je Aktie – ermitteln läßt.

Hierbei sind drei "Ausprägungen" strikt voneinander zu trennen:

→ der Gewinn, der früher erzielt wurde,

→ Gewinne, die geschätzt werden und

→ neu veröffentlichte Gewinnzahlen in Relation zu den vorliegenden Schätzungen.

1. Gewinne in der Vergangenheit

Gewinne, die früher erzielt wurden, haben sich bereits in der Substanz niedergeschlagen oder wurden als Dividende an den Anleger gezahlt. In die Ermittlung des Ertragswertes fließen ausschließlich *künftige* Gewinne ein, was bereits aus den Ausführungen zum Ertragswert ersichtlich ist (vgl. Seite 19ff). Damit geht die Bedeutung früherer Gewinne für die Aktienkursentwicklung gegen Null.

> Anlagetip:
>
> Das KGV ist von hoher Bedeutung, doch ein KGV auf Basis der Gewinne vom Vorjahr entbehrt jeder Aussagekraft!

Dennoch läßt sich aus früheren Gewinnen zumindest eine interessante Aussage ableiten:
Schwankten die Gewinne in der Vergangenheit nur geringfügig, so zeigt dies eine geringe Anfälligkeit gegen konjunkturelle Einflüsse. Damit ist solch eine Aktie eher als "Zinsgewinner" einzustufen.

2. Gewinnschätzungen

Gewinnschätzungen stellen eine der zentralen Größen für die Bewertung von Aktien dar, da sich der Wert eines Unternehmens (und damit der Aktien) vorrangig an den künftigen Gewinnen orientiert.

Für private Anleger von Bedeutung sind in erster Linie Schätzungen, die von Banken oder anderen Quellen veröffentlicht werden. Dennoch empfiehlt es sich, diese Zahlen kritisch zu überprüfen und sich selbst Gedanken zu diesem Thema zu machen. Oft ist es sogar möglich, eigene fundierte Prognosen zu erstellen.

a. Grundlagen

In jede Kaufentscheidung sollte die Beurteilung des Kurs-Gewinn-Verhältnisses auf der Basis künftiger Gewinne einfließen – jedoch mit zwei Einschränkungen: Die Gewinne sollten *dauerhaft erzielbar*, und insbesondere müssen die Gewinnschätzungen *verläßlich* sein.

Anlagetip:

Ein niedriges KGV auf Basis der geschätzten Gewinne ist sehr oft ein Kaufargument.
Aber: Sorgfältig prüfen, ob ein späterer Gewinneinbruch droht. (Besonders ein außergewöhnlich niedriges KGV mahnt zur Vorsicht!)

Anlagetip:

Ein sehr hohes KGV ist nur aus wenigen Gründen gerechtfertigt:
- es muß absehbar sein, daß die Gewinne langfristig stark steigen werden,
- ein Gewinnsprung steht bevor, der noch nicht in den publizierten Schätzungen enthalten ist,
- ein außergewöhnlich hoher Substanzwert rechtfertigt die Vernachlässigung des KGVs und die Abkehr von der Bewertung nach dem Ertragswert.

Ein Beispiel dafür, daß ein extrem niedriges KGV oft der Vorbote eines Gewinneinbruchs ist:
1989 erzielten die Klöckner-Werke einen Gewinn von 53 DM je Aktie. Offensichtlich taten sich die Analysten schwer, ihre Gewinnschätzungen den veränderten Realitäten anzupassen.

Denn noch Anfang 1992 wurden Gewinnschätzungen von 20 DM je Aktie für das Jahr 1991 publiziert. Auf Basis dieser Schätzungen errechnete sich ein KGV von lediglich fünf – Klöckner war damit die (scheinbar) billigste Aktie auf dem deutschen Kurszettel. Tatsächlich endete das Geschäftsjahr 1991 ebenso wie das folgende Jahr: mit Verlust.

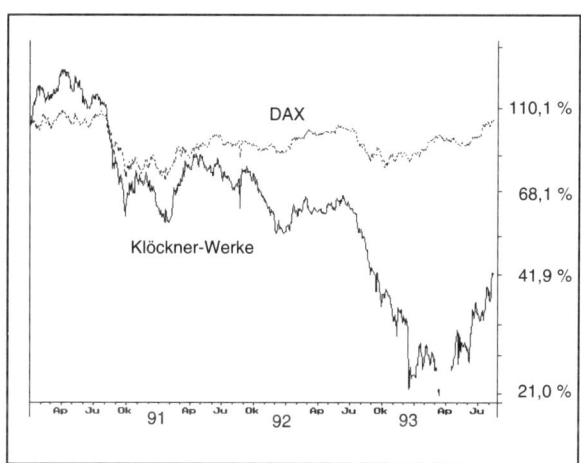

Abb. 19:

Kursverfall bei Klöckner

Unabhängig vom Risiko, daß Gewinnschätzungen auch fehlerhaft sein können, müssen auch Entwicklungen, die erst jenseits des "Schätzhorizonts" auftreten werden, Berücksichtigung finden. Liegen nur die Schätzungen für das laufende und das nächste Jahr vor, wird ein Ereignis, welches sich erst auf den Ertrag des übernächsten Jahres auswirkt, naturgemäß nicht erfaßt.

Doch es gibt eine Vielzahl von Faktoren, die erst einige Jahre später wirksam werden und schon jetzt *exakt* absehbar sind.

Einige schon ältere, aber noch immer aussagekräftige Beispiele:

→ Beim Pharmahersteller Glaxo lief 1994 ein Patent für ein Medikament aus, das 1992 noch für zwei Drittel des Gewinns sorgte[24] – rentable Nachfolgepräparate waren nicht in Sicht.

---

[24] Vgl. Wirtschaftswoche 37/93

→ Bei Jungheinrich (Hubfahrzeuge) entfielen ab 1993 Steuervorteile. Danach mußte der bisher steuerfreie Gewinn wieder mit dem Fiskus geteilt werden – eine Halbierung des Gewinns je Aktie war absehbar.

→ Bei Pharmaaktien, besonders bei Biotechnologiewerten, gibt es häufig Medikamente, die kurz vor der Zulassung stehen. (z.b. Anfang der 90er Jahre ein Medikament gegen Multiple Sklerose bei Schering, das inzwischen üppige Gewinne liefert).

→ Bei Bauunternehmen können Abrechnungen für Großbaustellen anstehen, die vielleicht wegen besonderer Abrechnungsmodalitäten noch 2-3 Jahre das Ergebnis belasten, per Saldo aber hohe Erträge bringen.

b. Eigene Gewinnschätzungen?

... sind einfacher als mancher vermutet – und wenn das Ergebnis extrem von der Meinung der Banken abweicht, bedeutet dies noch lange nicht, daß es falsch ist.

Ein Ansatzpunkt kann die Gewinn- und Verlustrechnung des letzten Jahres sein, wobei die einzelnen Posten durch eigene Prognosewerte ersetzt werden. Bereits Anfang 1992 konnte man z.b. für deutsche Autoaktien folgendes Szenario für 1993 entwickeln: Absatzrückgang, stärkerer Druck auf Zulieferer, Lohn- und Preiserhöhungen knapp über der Inflationsrate.
Daraus ließen sich z.b. folgende Zahlen ableiten: Absatzvolumen: -10 %, Verkaufspreise + 5 %, Personalkosten + 5 %, Kosten des Wareneinkaufs -15 %.
Wurden diese Schätzwerte nun in die Gewinn- und Verlustrechnung von Volkswagen übernommen, und versuchte man an Hand dieser Prognosewerte den Ertrag für 1993 zu ermitteln, waren Verluste absehbar.

Sehr wichtig ist allerdings, daß die eingesetzten Zahlenwerte schlüssig und plausibel sind, sowie vor allem in die wirtschaftlichen Rahmenbedingungen passen.

Eine andere Möglichkeit, zu einer Gewinnprognose zu kommen, bieten folgende, einfache Überlegungen:

38

Wie werden die Geschäfte im nächsten Jahr laufen? Haben sich Verschiebungen im Branchenwettbewerb ergeben, gibt es jetzt bessere Produkte seitens der Konkurrenz, was macht die Konjunktur, gibt es signifikante Wechselkursveränderungen, entfallen oder entstehen Sondereinflußfaktoren usw. usw.

Man erhält dadurch zwar keinen Zahlenwert, doch zumindest eine Tendenzaussage, ob der Gewinn je Aktie im nächsten Jahr steigen oder fallen könnte. Auch die Möglichkeit, daß rote Zahlen geschrieben werden, sollte nie grundsätzlich ausgeschlossen werden.

3. Zuverlässigkeit von Gewinnschätzungen

Gewinnschätzungen sind grundsätzlich zu optimistisch. Untersuchungen am US-Markt[25] zeigen dies deutlich. Für 23 Quartalszeiträume wurde ermittelt, wie oft die Gewinnschätzungen nach oben und wie oft nach unten revidiert werden mußten. Das Ergebnis: Soweit die Schätzungen "danebenlagen" waren sie meist zu optimistisch – sie mußten 2,6mal häufiger nach unten als nach oben korrigiert werden. Dabei handelte es sich nicht um geringfügige Abweichungen – Korrekturen von weniger als fünf Prozent wurden nicht berücksichtigt.

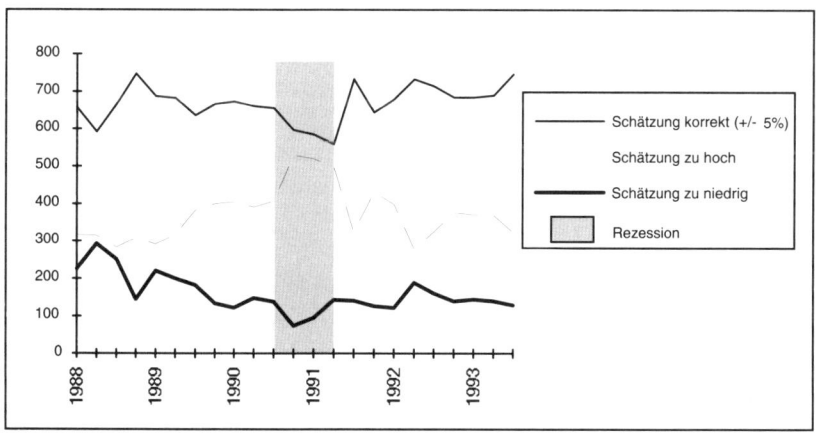

Abb. 20: Zuverlässigkeit von Gewinnschätzungen

---

[25] Datenbasis: 1200 Werte, Zeitraum: 1. Quartal 1988 bis 3. Quartal 1993.

Gleichzeitig zeigt diese Grafik, daß bei der Ermittlung von Gewinnschätzungen allgemein von einer stetigen Wirtschaftsentwicklung ausgegangen wird. Mit dem Beginn der Rezession stellten sich auffällig viele Gewinnschätzungen als zu hoch heraus.

a. Zeitlicher Ablauf

Je weiter eine Gewinnschätzung in der Zukunft liegt, um so unpräziser ist sie. Je weiter die Zeit fortschreitet, desto zuverlässiger werden sie, gleichzeitig nähern sich die Gewinnschätzungen der verschiedenen Analysten einander an. Dieser Sachverhalt ist sehr einfach zu erklären:

Wer im Januar 1996 versuchte, den Gewinn für das laufende Jahr zu schätzen, dem standen kaum Daten zur Verfügung. Im Oktober 1996 lagen immerhin die Verkaufzahlen für die ersten neun Monate vor – nur noch wenige Überraschungen können sich ergeben.

Mit dieser steigenden Zuverlässigkeit der Gewinnschätzungen sinkt also die Wahrscheinlichkeit von Überraschungen. Damit geht gleichzeitig auch die Bedeutung für die Prognose von Aktienkursen zurück, da die Zahlen bereits im Kurs enthalten sind.

b. Branchendynamik

Die Zuverlässigkeit von Gewinnschätzungen hängt oft von der jeweiligen Branche und deren Dynamik ab. Einige Branchenmerkmale lassen eher präzise zutreffende Schätzungen erwarten:

→ ein langfristig gesicherter Auftragsbestand (Flugzeugbau, Teile der Bauwirtschaft, Investitionsgüter),

→ eine Nachfrage, die nur geringen Schwankungen unterworfen ist (wie bei Nahrungsmitteln, Telefongesellschaften),

→ geringer oder fehlender Wettbewerb (Versorger),

→ konjunkturunabhängiges Geschäft, aber auch verschiedene Geschäftsbereiche, die durch ihre Ertragslage konjunkturelle Schwankungen ausgleichen können (Banken, diversifizierte Unternehmen),

→ geringer technischer Fortschritt (Nahrungsmittel, Versorger).

Nachdem heftige Kursbewegungen vor allem in zwei Fällen auftreten, nämlich wenn

- der erzielte Gewinn nicht im Rahmen der Schätzungen liegt und
- die Gewinnschätzungen revidiert werden,

läßt sich bereits hier eine weitere Aussage ableiten: Aktien mit gut prognostizierbaren Gewinnen sind meist gleichzeitig konservativer! Gezeigt wird dies am Beispiel der DTB-Werte im sechsten Kapitel.

c. Prognosemethode

Nur allzu oft werden Gewinne nach beinahe banalen, um nicht zu sagen fragwürdigen, Methoden geschätzt.

Im einfachsten Fall werden Gewinnsteigerungsraten der letzten Jahre fortgeschrieben, und allenfalls für konjunkturelle Schwankungen wird ein Zu- bzw. Abschlag vorgenommen.

Ebenso nutzlos ist es, unternehmensspezifische Zeitreihen aus der Vergangenheit mit volkswirtschaftlichen Kenngrößen zu "verquicken" und daraus zukünftige Bilanzen und Gewinne ableiten zu wollen.

Dieses Verfahren *kann* gelegentlich zum Erfolg führen. Falls die Prognose dann tatsächlich eintreten sollte – ist sie schon längst im Kurs enthalten. (Die Reaktion von unerfahrenen Aktionären: "eine so eine schöne Gewinnentwicklung – warum steigt die Aktie nicht?")

Allgemein erwartete Ereignisse sind in den Aktienkursen enthalten – die Kurse reagieren vorwiegend auf *unerwartete* Ereignisse.

Um dies nochmals zu verdeutlichen: Wenn der Gewinn je Aktie von 1993 bis 1995 von 30 DM über 32 DM auf 34 DM gestiegen ist und die Gewinnschätzungen für 1996/1997 bei 36 DM bzw. 38 DM liegen, dann ist dies bei einem Stromversorger oder Lebensmittelkonzern plausibel.

Bei einem Maschinenhersteller oder Autozulieferer dagegen sind diese Zahlen bestenfalls bei unveränderter Konjunkturlage aussagekräftig; und selbst dann können Verschiebungen im Wettbewerb deutliche Auswirkungen in der Gewinn- und Verlustrechnung hinterlassen.

d. Sicherheitsdenken der Analysten

Ein Aktienanalyst ist stets auch auf seinen Ruf bedacht. Dementsprechend besteht eine Scheu davor, mit einer Prognose "völlig daneben zu liegen". Kaum ein Analyst wird bereit sein, für eine Aktie einen Verlust zu prophezeien, wenn alle anderen gute Gewinne erwarten.

Ein Fehler, den alle begehen, ist verzeihlich – so die Meinung. Irrten sich alle, dann waren die Ereignisse eben nicht absehbar.

Dieser Mechanismus sorgt für eine Vereinheitlichung der Gewinnschätzungen und verzögert die Veröffentlichung neuer Meinungen.

4. Eskomptierung von Gewinnschätzungen

Zumindest bei marktbreiten Aktien – den Blue Chips – untersucht eine Vielzahl von Analysten das Unternehmen, beurteilt dessen Zukunftsaussichten und gibt letztlich auch eine detaillierte Gewinnschätzung ab.

Diese wird, mit mehr oder minder ausgeprägter Verzögerung, den Medien zugänglich gemacht. Sobald ein Anleger von einer neuen Gewinnschätzung informiert ist, wird er diese in seine Anlageentscheidungen einbeziehen. Kennen schließlich alle Anleger die Gewinnschätzung, ist sie damit auch in den Kursen enthalten.

Anlagetip:

Meldungen, die allgemein bekannt sind, sind fast immer schon in den Aktienkursen enthalten.

Die Dauer der Zeitspanne zwischen Veröffentlichung der Schätzung und der Vollendung der Marktreaktion ist dabei von einigen Determinanten abhängig:

➤ von der *Effizienz des Kapitalmarktes*:

Hochentwickelte Börsen mit sehr schnellem Informationsfluß, wie etwa der US-Aktienmarkt, neigen tendenziell dazu, daß Meldungen schneller in den Kursen eskomptiert werden. Hier spielt insbesondere die Existenz von Termin- oder Leerverkaufsmöglichkeiten eine wichtige Rolle – denn dann können auch Anleger verkaufen, die die Aktie nicht besitzen. (Ebenfalls beschleunigend wirken liquide Optionsmärkte, da sich über entsprechende Transaktionen ein sogenannter "synthetischer Leerverkauf"[26] darstellen läßt).

➤ vom *Investorenkreis*:

Institutionelle Anleger reagieren schneller und "emotionsloser" auf veränderte Rahmenbedingungen, während Privatanleger eher das "Aussitzen" von Verlusten pflegen. Die heftigsten Kursbewegungen treten demzufolge bei Aktien

---

[26] Der Verkauf eines Calls mit gleichzeitigem Kauf eines Puts entspricht von der Chance-Risiko-Relation her weitgehend einem Verkauf auf Termin.

auf, die eine relativ geringe Marktbreite haben und gleichzeitig zu einem hohen Anteil im Besitz institutioneller Anleger sind.

Ein typisches Beispiel hierzu ist die König und Bauer Aktie, die zu einem großen Anteil von institutionellen Investoren gehalten wurde[27]. Meldungen über veränderte Gewinnerwartungen führten sofort zu heftigen Kursbewegungen, wie der folgende Chart zeigt.

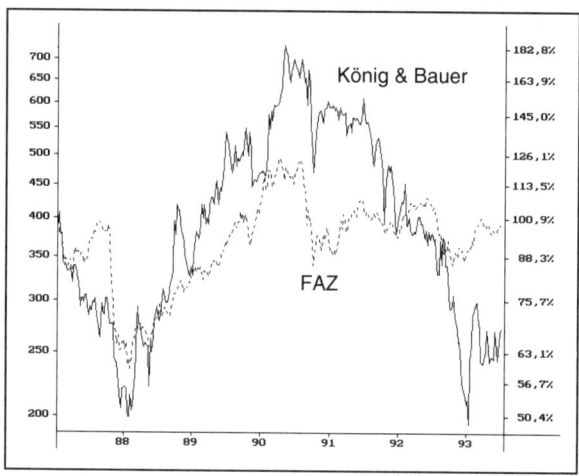

Abb. 21:

Kursverlauf König & Bauer im Verleich zum DAX

➤ vom *Image der Aktie*:

Bei "grundsoliden Wachstumswerten" oder "unanfechtbaren Marktführern" besteht eine Skepsis des Marktes, wenn Gewinnschätzungen deutlich nach unten revidiert werden – sofern die Analysten überhaupt wagen, ihre Meinung zu veröffentlichen. In Extremfällen kann eine Reaktion des Marktes sogar weitgehend ausbleiben.

➤ von der *Art der Analyse*:

Angefangen beim "Namen" des Instituts bis hin zur – mehr oder minder überzeugenden – Argumentation des Analysten werden Marktreaktionen natürlich ebenfalls unterschiedlich ausfallen. Eine Verkaufsempfehlung der Research-

---

[27] Vgl. Frank Mühlbrad, "Kennziffer Fondsengagement", in: Die Bank 2/92

Tochter der Deutschen Bank wird deutlichere Spuren hinterlassen, als eine der Sparkasse XY.

5. Tatsächliche Gewinne in Relation zu den Schätzungen

Einer der wichtigsten Faktoren für die Aktienkursentwicklung sind neben Änderungen der Gewinnschätzungen auch Abweichungen zwischen geschätzten und dann tatsächlich ausgewiesenen Gewinnen.

Regelmäßig gilt: werden die Gewinnschätzungen übertroffen, so steigt der Aktienkurs; bleiben die Zahlen hinter den Erwartungen zurück, dann fällt er.

Alle anderen Kennzahlen treten demgegenüber in der Bedeutung zurück. Lediglich psychologische Momente können ähnlich signifikante Kursbewegungen auslösen.

Bestätigt wird diese Erfahrung auch durch eine Untersuchung der BHF-Bank[28]. Diese hat versucht, einen Zusammenhang zwischen Veränderungen der Gewinnschätzungen für die DAX-Werte einerseits und dem künftigen DAX-Verlauf andererseits festzustellen. Dabei erwies sich das Verhältnis zwischen Erhöhung und Reduzierung der Gewinnschätzungen als bester Indikator für die künftige Kursentwicklung des DAX.

Anders ausgedrückt: Verkaufen, wenn Gewinnschätzungen überwiegend nach unten koorigiert werden; kaufen, wenn die Gewinne nach oben getaxt werden.

6. Bewertungsmodelle auf der Basis von Gewinnschätzungen

Zwei Probleme der Aktienbewertung wurden bereits erläutert:

→ die Entwicklung der künftigen Gewinne eines Unternehmens ist unsicher,

---

[28] Vgl. Wirtschaftswoche, Heft 20/93, Seite 98

→ Gewinnschätzungen sind gleichfalls unsicher; dennoch werden sie vom Markt schnell in den Kursen vorweggenommen.

Ein Lösungsansatz zu diesem Dilemma könnte folgendermaßen aussehen:
Die Gewinnschätzungen sind bekannt – beispielsweise für den US-Aktienmarkt sind entsprechende Zahlen aus On-Line Datenbanken jederzeit verfügbar, und zwar einschließlich der Schätzungen für die einzelnen Quartale!
Sobald der tatsächlich ausgewiesene Gewinn bekannt ist, läßt sich die Abweichung zwischen dem geschätzten und dem tatsächlich realisierten Gewinn ermitteln.
Wird selbst die optimistischste Gewinnschätzung übertroffen, dann geht es dem Unternehmen offenbar deutlich besser, als alle erwartet haben. Gleichzeitig ist es damit wahrscheinlich, daß die Gewinnerwartungen nochmals übertroffen werden. Dieser zweite überraschende Gewinnanstieg wäre noch nicht in den Kursen enthalten und könnte somit genutzt werden.

Jedoch bestehen auch bei diesem Modell einige Probleme:

→ Das Modell ist selbst unter Verwendung von Quartalsergebnissen sehr träge. Damit eine Kaufempfehlung entsteht, muß mindestens ein Gewinnausweis über den Erwartungen gelegen haben. Dieser überraschend hohe Gewinn hat sich schon in den Kursen niedergeschlagen – die Aktie ist schon gestiegen!
Daraus resultiert eine psychologische Barriere: Viele Anleger, der Verfasser eingeschlossen, haben eine gewisse Scheu, Aktien nach einem Kursschub zu kaufen.

→ Besagte Trägheit ist auch dafür verantwortlich, daß zeitweilig schlechtere Ergebnisse erzielt werden können – falls sich die konjunkturellen Rahmenbedingungen ändern, reagiert dieses System erst mit Verzögerung.

→ Erforderlich ist die Verfügbarkeit möglichst aller Gewinnschätzungen, und zwar möglichst bezogen auf einzelne Quartale. Damit ist dieses Modell nur an sehr hoch entwickelten Kapitalmärkten verwendbar.

Bei dem Modell von Value-Line werden sowohl lang- als auch kurzfristige Trends von Gewinnen und Aktienkursen verglichen und daraus eine Rangliste entwickelt.

Dabei führen ausschließlich die folgenden "Ereignisse" zu Veränderungen in der Rangfolge:

- Veränderungen von Gewinnen und Gewinnschätzungen,
- Kursbewegungen der einzelnen Aktie relativ zum Gesamtmarkt,
- eine Kombination von Gewinn- und Kursfaktoren,
- Veränderungen in der Einstufung anderer Aktien.

Wichtigstes Kriterium für die Höhereinstufung ist dabei ein (Quartals-) Gewinn, der über den Erwartungen liegt (für eine Herabstufung ein unerwartet niedriger Gewinn).

Das entsprechende Modell konnte auch – wie die folgende Tabelle zeigt – durch hervorragende Langzeitergebnisse (vom 16.4.1965 bis 2.7.1993) überzeugen. Dabei umfaßt die Gruppe 1 die besten, die Gruppe 5 die schlechtesten Aktien.

Gruppe	Ergebnis 1[29]	Ergebnis 2[30]
1	+ 41225 %	+ 9785 %
2	+ 3285 %	+ 3623 %
3	+ 231 %	+ 1467 %
4	- 48 %	+ 512 %
5	- 97 %	+ 102 %

Tab. 4: Performance der Gruppen 1-5 von Value-Line[31]

Gleichzeitig belegen diese Ergebnisse, daß sich sorgfältige Aktienauswahl tatsächlich lohnt.

---

[29] Das Depot wurde wöchentlich gemäß der Einstufung umgeschichtet. Dabei wird das Ergebnis jedoch durch Bank- bzw. Brokergebühren deutlich gemindert.
[30] Umschichtungen gemäß der Einstufung waren nur zum Jahreswechsel zulässig.
[31] Vgl. Value Line, Part 2, vom 19.7.96

7. Gewinn-"Ausrutscher"

Viele einmalige Sonderfaktoren können kurzfristig die Ertragslage in einem Unternehmen beeinflussen.

Verkäufe von Vermögensgegenständen (Grundstücke, Unternehmensbereiche, Wertpapiere) können zu außerordentlichen Erträgen führen, die einmalig anfallen und damit nur geringe Zukunftswirkung haben.

Umgekehrt entstehen, z.B. bei der Aufgabe unrentabler Geschäftsbereiche, außerordentliche Verluste, die unter Umständen sogar die künftigen Ertragsaussichten verbessern können.

Anlagetip:

Nicht von einem KGV, das auf einmaligen Erträgen oder Verlusten beruht, beirren lassen.

Die sogenannten DVFA-Ergebnisse eliminieren solche außerordentlichen Erträge oder Verluste – allerdings nur, wenn diese auch bilanztechnisch erkennbar sind. Aber auch ein plötzlicher Nachfrageschub kann einmalig die Gewinne beeinflussen. So konnten einige deutsche Branchen (z.B. Auto, Unterhaltungselektronik usw.) von einer entsprechenden Sonderkonjunktur anläßlich der Wiedervereinigung (und der vorausgegangenen Grenzöffnung) profitieren.

8. Gewinne und Steuern

Eine sehr wichtige Einflußgröße für den Gewinn von Unternehmen wird gerne übersehen:

Die Gewinne werden *nach* Steuern angegeben. Damit wirken sich Veränderungen in der Besteuerung überproportional auf den Gewinn je Aktie aus.

Werden Ertragssteuern z.B. um 2 % (von 60 auf 58 %,) gesenkt, steigt der Nettogewinn um 5 % (von 40 auf 42 v.H.).

Damit kann die Fiskalpolitik Aktienkurse beträchtlich beeinflussen – vielleicht die entscheidende Ursache dafür, daß Wahlen von der Börse beachtet werden.

V. Sonstige Kennzahlen

1. Cash-Flow

Stark vereinfacht dargestellt, handelt es sich beim Cash-Flow um die Summe aus Gewinnen und (verdienten) Abschreibungen in einem Unternehmen. Diese Kennziffer soll, nach gern verbreiteter Meinung, wesentlich aussagekräftiger sein als der Gewinn je Aktie. Zur Begründung wird angeführt, daß der Cash-Flow auch die Selbstfinanzierungskraft eines Unternehmens erfaßt. Der Autor bezweifelt die Allgemeingültigkeit dieser Aussage und stellt die Behauptung auf, daß ein hoher Cash-Flow bei Industrieunternehmen lediglich auf eine hohe Wertschöpfung und eine (zu?) hohe Fertigungstiefe hindeutet. Ein stark vereinfachtes Beispiel wird dies belegen:

> Zwei Unternehmen fertigen jeweils 100.000 Fernsehgeräte pro Jahr. Wichtigster Kostenfaktor ist die Bildröhre.
> Das Unternehmen A kauft diese für jeweils 1.000 DM von einem Fremdunternehmen.
> Das Unternehmen B dagegen fertigt diese selbst zu Kosten von je 200 DM; dazu wurde eine, nur ein Jahr haltbare, Spezialmaschine für 80 Mio. DM angeschafft und innerhalb eines Jahres abgeschrieben.
> Beide Hersteller verkaufen die Fernsehgeräte für jeweils 2.000 DM, beide haben sonstige Kosten von 80 Mio. DM.
> Ergebnis: Beide Unternehmen erwirtschaften einen Gewinn von je 20 Mio. DM.
> Beim Cash-Flow jedoch zeigen sich deutliche Unterschiede:
> Der von B liegt bei 100 Mio. DM (Gewinn plus Abschreibung), der von A bei 20 Mio. DM (Gewinn).

> *Fazit: Die Entscheidung von B, die Bildröhre selbst anzufertigen, führt zu einem aufgeblähten Cash-Flow, obwohl sonst keinerlei Unterschiede in der Ertragskraft der Unternehmen bestehen.*

In der Automobilindustrie lassen sich Unternehmen anführen, die ein sehr "günstiges" Kurs-Cash-Flow-Verhältnis (KCV) und gleichzeitig eine zu hohe Fertigungstiefe aufwiesen: General Motors und Chrysler, deren KCV in den achtziger Jahren zwischen 2 und 5 lag[32], sowie VW, die 1992 zeitweilig mit

---

[32] Zum Vergleich: das KCV der japanischen Automobilhersteller lag im gleichen Zeitraum bei etwa 5-10. Die US-Autoindustrie rutschte tief in die roten Zahlen, während die Japaner Gewinne erzielten.

einem KCV von 1 bewertet wurden. Inzwischen haben diese Unternehmen erkannt, daß eine geringere Fertigungstiefe erforderlich ist, d.h. viele Teile sich über Lieferanten günstiger beziehen lassen.

Außerdem stellen Abschreibungen nach betriebswirtschaftlicher Definition ohnehin nicht Gewinn, sondern Kosten dar! Und es widerspricht jeder Logik, hohe Kosten als ein Kaufargument für die jeweiligen Aktien zu interpretieren.

Anlagetip:

Nicht von hohen Cash-Flow-Zahlen blenden lassen. Aussagekräftig ist und bleibt in erster Linie der Gewinn!

Lediglich eine Aussage ist eventuell möglich:
Ein hoher Cash-Flow *kann* darauf hindeuten, daß Gewinne versteckt werden. Wenn ein Unternehmen Abschreibungen zeitlich vorverlagert, führt dies später zu höheren Erträgen. Diese Verlagerung ist dann *unter Umständen* an einem ungewöhnlich hohen Cash-Flow erkennbar.

2. Umsatzrendite

Die Umsatzrendite bestimmt letztendlich die Ertragskraft eines Unternehmens. Der Verfasser beachtet diese Kennziffer aus einigen Gründen:

→ Die Umsatzrendite ist nicht nur ein Indikator für die Wettbewerbsfähigkeit eines Unternehmens, sondern sie zeigt auch an, ob diese in Gewinne umgesetzt wird. Verfügt ein Unternehmen über Wettbewerbsvorteile, so sollte die Umsatzrendite höher sein als die der Konkurrenz – ist dies nicht der Fall, bestehen an anderen Stellen im Unternehmen gravierende Nachteile (z.B. Ineffizienz, zu hohe Kosten, eine zu breite Produktpalette, schlechtes Marketing, etc.).

→ Bei Konglomeraten läßt sich prüfen, ob potentiell bestehende Synergieeffekte tatsächlich realisiert werden. Ist dies der Fall, dann muß die Umsatzrendite überdurchschnittlich hoch sein.

50

Ein Beispiel hierzu sind Siemens und General Electric: Beide Unternehmen sind innerhalb des Elektrobereichs breit diversifiziert (von Haushaltswaren bis Kraftwerkstechnik). Bei beiden Unternehmen bestehen hohe Potentiale für Synergieeffekte.

Die operative Umsatzrendite bei Siemens ist "mager" (Gewinne stammen zu einem hohen Anteil aus Kapitalanlagen).
General Electric dagegen erzielte in den letzten zehn Jahren operative Brutto-Margen von 13-15 %. Offensichtlich ist es General Electric besser gelungen, Synergiepotentiale zu nutzen.

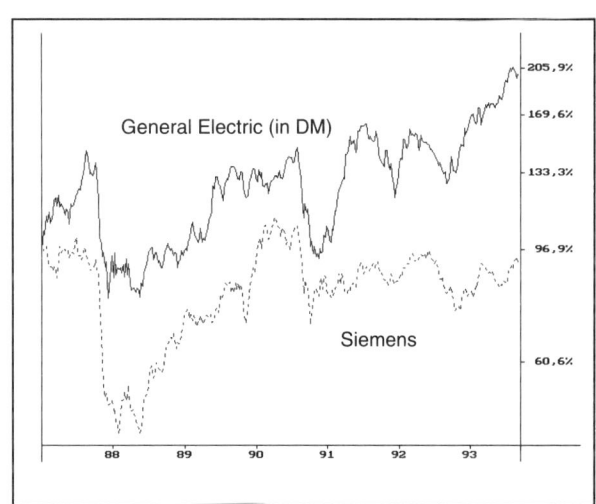

Abb. 22:

Siemens und General Electric

➡ Hohe Umsatzrenditen innerhalb einer Branche wirken wie ein Magnet auf neue Konkurrenten – wenn nur leicht überwindbare Eintrittsbarrieren[33] als Schutz vorhanden sind, ist eine rückläufige Rentabilität abzusehen.

---

[33] Zu Eintrittsbarrieren vgl. Kapitel 3

3. Dividende

Unternehmen mit sehr hoher Dividendenrendite werden – vor allem wenn die Dividendenzahlung sicher ist – als Alternative zu festverzinslichen Wertpapieren gesehen. Sobald die Renditen am Anleihe- bzw. Geldmarkt fallen, wird die Aktie mit Kurssteigerungen reagieren.
Dies besonders dann, wenn die Aktienrendite über der Anleihenrendite liegt.
In Phasen fallender Zinsen bieten daher Aktien mit hohen Dividendenrenditen Kurschancen. Unter diesem Aspekt betrachtet sind die Chancen jedoch nicht besser als bei langlaufenden Anleihen, entsprechend verlieren diese Werte aber auch in Phasen steigender Zinsen.

Darüber hinaus gibt es eine langfristige Untersuchung für den US-Markt: Wer jedes Jahr die zehn Dow-Jones-Werte mit der höchsten Dividendenrendite gekauft hatte, konnte den Index deutlich schlagen.
Erstaunlicherweise konnte das Ergebnis aber nicht dadurch verbessert werden, indem die fünf (oder drei) höchstrentierlichen Aktien gekauft wurden; eine Verbesserung war erst möglich, wenn unter den zehn Aktien die fünf mit dem niedrigsten Kurs ausgewählt wurden. Daß es sich um einen Zufall handelt, ist daher nach Meinung des Verfassers nicht auszuschließen.
Einige Indizien bestätigen die Auffassung, daß *die Höhe der Dividende kein Entscheidungskriterium zur Aktienauswahl sein darf* (wäre es so einfach, den Index zu schlagen, würden nicht fast alle Investmentfonds schlechter als der Index abschneiden!)

Zweifelsfrei sehr bedenklich stimmt eine Dividendenrendite, die über der Rendite festverzinslicher Anlagen liegt. Der Regelfall ist die Kürzung der Dividende, wie die folgende Auswertung[34] zeigt!

---

[34] Vgl. Börse Online, Heft 52/91; Um Kritik an dem älteren Zahlenmaterial vorzubeugen: es geht dem Verfasser nicht darum, aktuelle Informationen zu liefern (dies muß eine Aufgabe der Wirtschaftspresse bleiben)! Ziel ist es vielmehr, zu zeigen, daß sich der Anleger nicht auf einzelne Kennzahlen verlassen darf.

Die 15 Aktien mit den höchsten geschätzten Dividendenrenditen	Schätzung 92er Dividende	Div.Rendite per 17.12.91 auf Basis der Schätz.	tatsächliche 92er Dividende	
NAK Stoffe VZ	9,--	9,25	Ausfall	
Hoechst	13,--	9,15	9,--	(-31%)
BASF	13,--	9,08	10,--	(-23%)
Magdeburger Vers.	27,50	8,75	19,--	(-31%)
Hein Lehmann	25,--	8,68	Ausfall	
Seitz Enzinger Noll	10,15	8,46	10,15	(Garantie)
Rheinmetall VZ	9,50	8,25	9,50	
Thyssen	10,--	8,23	6,--	(-40%)
Fuchs Petroclub	7,--	8,09	5,--	(-29%)
Flachglas	31,85	8,03	31,85	(Garantie)
Bijou Brigitte	22,--	7,90	22,--	
Brilliantleuchten	7,--	7,81	Ausfall	
Walter	9,--[35]	7,73	Ausfall	
Massa	10,--	7,72	5,--	(-50%)
Garant Schuh VZ	5,50	7,67	5,50	
Summe	209,50		135,--	

Tab. 5: Das Risiko hoher Dividendenrenditen

Zusammengefaßt bedeutet dies: von den 15 höchstrentierlichen Aktien ist bei zehn die erwartete Dividende entweder völlig oder doch zu einem großen Teil ausgefallen. Bei zwei weiteren Aktien (Seitz Enzinger Noll und Flachglas) handelt es sich ohnehin um eine Garantiedividende; es bestehen Gewinnabführungsverträge mit anderen Unternehmen. Abgesehen von den Garantiedividenden wurden nur in knapp 25 % der Fälle die versprochenen Dividenden ausgezahlt. Und noch eine kleine Anmerkung: Der Spitzenreiter (NAK-Stoffe) mußte inzwischen Vergleich anmelden!

Anlagetip:

Vorsicht bei sehr hohen Dividendenrenditen – eine Kürzung ist mehr als wahrscheinlich!

Doch konnte das Anlageergebnis – wenn auch etwas überraschend – weitgehend mit dem Index mithalten, die Dividendenkürzungen führten nicht zu

---

[35] Im Kursteil wurde die Dividendenschätzung bereits auf Null zurückgenommen.

ungewöhnlichen Kursverlusten relativ zum Markt (im Chart sind die – immer noch überdurchschnittlichen – Dividendenzahlungen nicht berücksichtigt[36]).

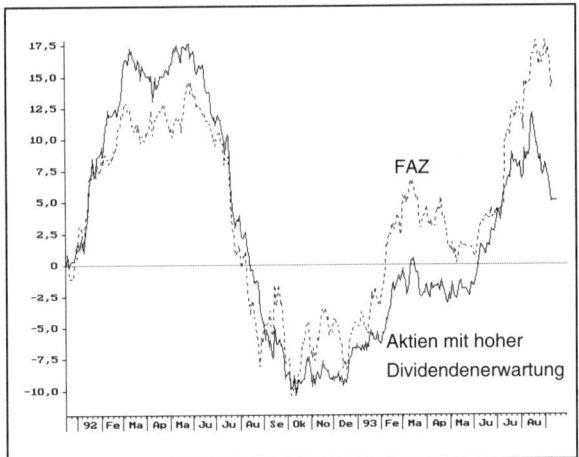

Abb. 23:

Performance von Aktien
mit hoher Dividenden-
erwartung

Ein weiteres Indiz zur Untermauerung der Behauptung, daß überdurchschnittliche Dividenden sogar ein Verkaufssignal darstellen, liefert Value-Line: Aktien mit hohem Potential weisen regelmäßig eine unterdurchschnittliche Dividendenrendite auf[37], dagegen sind Aktien mit hohen Dividendenrenditen weniger aussichtsreich (zur Performance von Value-Line vgl. Tab. 2).

Ein Sachverhalt, der sich auch mit den Portfoliotheorien und den Theorien zum Produkt- und Marktlebenszyklus (vgl. viertes Kapitel) begründen läßt: Aktien in Wachstumsbranchen brauchen die Erträge zur Expansion; ein "Star"-Unternehmen (siehe Abschnitt 2 im 4. Kapitel) schüttet keine Dividenden aus. Typisch für hohe Dividenden sind dagegen vorwiegend Unternehmen in reifen und stagnierenden Branchen!

---

[36] Die Dividendenrendite dieser Aktien lag - trotz der Kürzung - immer noch über dem Durchschnitt. Die Verwendung des FAZ als Vergleichsmaßstab ist aber nur geeignet, durchschnittliche Dividenden zu berücksichtigen. Daher muß die "Überrendite" von ca. 2-3 % jährlich zusätzlich berücksichtigt werden. Wird diese einbezogen, dann liegt der Anlageerfolg nur etwa 3 % unter dem Marktdurchschnitt.

[37] Vgl. Value-Line, Part 2 vom 9.10.1992

> Anlagetip:
>
> Die Dividendenhöhe sollte *kein* Entscheidungskriterium für die Aktienauswahl sein.

Bei einem erfolgreichen Unternehmen mit einer Eigenkapitalrendite von beispielsweise 25 % sollte der Anleger froh sein, keine Dividende zu erhalten! Warum? Wenn die Erträge im Unternehmen investiert werden, rentiert es sich dort mit 25 %, was mittel- bis langfristig über einen höheren Aktienkurs dem Anleger zugute kommt.

4. Forschungsaufwand

Bei Unternehmen, die in Märkten mit starkem Innovationsdruck – wie Pharma, Elektronik und Fahrzeugbau - tätig sind, müssen hohe Summen in Forschung und Entwicklung investiert werden.

Im High-Tech-Bereich sind hervorragende Ergebnisse der Forschung unabdingbare Voraussetzung für künftig ertragreiche Produkte – und damit steigende Aktienkurse.

Allerdings ist nicht allein ausschlaggebend, wieviel hier investiert wird – der ökonomisch nutzbare Output ist entscheidend. Ein Pharmaunternehmen, das mit Riesenaufwand aus den Standardwirkstoffen für Schmerzmittel (ASS und Paracetamol) nebst Vitamin C und Koffein das 300. Kopfschmerzmittel auf den Markt bringt, wird kaum beeindruckende Erträge erzielen[38] – und leider ist diese Verschwendung von Forschungsgeldern weit verbreitet.

Hohe Erträge erzielen nur Produkte, die *aus Abnehmersicht* eine wichtige Verbesserung darstellen!

Ein hoher Forschungs- und Entwicklungsaufwand kann nur dann als nutzbringende Investition angesehen werden, wenn gute Erträge die Folge sind. Und hierfür liefert die Vergangenheit aussagekräftige Zahlen.

---

[38] In Deutschland sind bereits mehrere hundert Kombinationspräparate auf dem Markt, deren Nutzen nach Ansicht vieler Fachleute fragwürdig ist. (Vgl. das Buch "Bittere Pillen" und die dort genannten Literaturhinweise.)

Wurde dagegen seit vielen Jahren mit hohem Aufwand "herumgeforscht", ohne daß sich über neue und rentable Produkte hohe Renditen ergaben, dann ist dies ein Gesichtspunkt, der gegen den Kauf der entsprechenden Aktien spricht.

Ein sehr wichtiger Aspekt ist auch die Schnelligkeit bei der Markteinführung: Neue Technologien erzielen am Anfang die höchsten Preise – in dieser Phase müssen die Entwicklungskosten amortisiert werden; damit ist für die Rentabilität eine schnelle Markteinführung entscheidend.

Ein Negativbeispiel dazu liefert die europäische Halbleiterindustrie, die gerade bei Speicherchips zwar schnell Labormuster vorstellt, bei der Markteinführung aber regelmäßig zu spät kommt. (Trotz oder wegen der massiven staatlichen Förderung?)

Dabei ist das Heimatland des Unternehmens ein wichtiges Indiz für die Effizienz von Forschung und Entwicklung. Zumindest was die Zahl der Patentanmeldungen angeht, sind europäische Unternehmen im Vergleich zu japanischen und amerikanischen Firmen wenig produktiv. Die Praxis zeigt auch, daß die Bedeutung der europäischen Unternehmen[39] in fast allen Technologiebereichen seit Jahren rückläufig ist.

Anlagetip:

Im High-Tech-Bereich europäische Aktien untergewichten.

Für den Aktienkäufer ist auf jeden Fall nicht die absolute Anzahl der Patentanmeldungen als Auswahlkriterium entscheidend.

Eine dem Verfasser vorliegende Untersuchung[40] läßt – überraschenderweise – auch nur geringe Übereinstimmungen zwischen der Bedeutung[41] von Patenten und der Kursentwicklung des jeweiligen Unternehmens erkennen. Weit häufiger wird folgender Zusammenhang sichtbar:

---

[39] Vgl. Managermagazin, Serie zur Krise der europäischen Technologiebranchen, Heft 3/92 bis 11/92.
[40] Business-Week vom 10.8.1992. Die genannten Zusammenhänge sind nur Anhaltspunkte - eine exakte Analyse der Daten durch den Verfasser konnte wegen fehlender Kursreihen nicht vorgenommen werden.
[41] Die Bedeutung eines Patents wurde von der Zeitschrift Business-Week daran gemessen, wie oft dieses Patent in anderen Patentanmeldungen zitiert wurde.

Der Aktienkurs steigt, wenn die Bedeutung der Patente des jeweiligen Unternehmens zunimmt. Als Erklärung wäre denkbar, daß eine hohe Effizienz der Forschungsabteilung bereits im Kurs enthalten ist.

Anlagetip:
Aktien kaufen, wenn sich der "Output" der Forschungsabteilung verbessert.

---

5. Buchwert

Eine auf den ersten Blick wunderbare Zahl, für die meisten Unternehmen ohne Probleme verfügbar und von scheinbar hoher Aussagekraft. (Der Kurs kann ja wohl kaum tiefer fallen?!)

Als Kennzahl in der Aktienanalyse zum Kurs-Buchwert-Verhältnis (KBV) in "griffiger" Weise verdichtet, in beinahe jeder Tabelle zu finden oder – nach folgender Formel – leicht zu berechnen:

$$KBV = \frac{Aktienkurs}{Buchwert\ je\ Aktie} = \frac{Aktienkurs \times Zahl\ der\ Aktien}{Buchwert\ des\ Unternehmens}$$

Jedoch bestehen zwei "kleine" Schwachpunkte:
1. Wenn die Börse einem Unternehmen als Wert nur den Buchwert zugesteht, mit anderen Worten den Geschäfts- oder Firmenwert mit Null ansetzt, sollte dies Grund zum Nachdenken geben.

2. Der Buchwert darf nicht mit dem Wert einer Unternehmung verwechselt werden. Die Grenzen sind dabei offensichtlich, die folgende Aufzählung beliebig erweiterbar:

➡️ Die wertvollsten Aktiva eines Unternehmens sind häufig nicht im Buchwert erfaßt; wichtigste Beispiele sind selbstgeschaffene Markennamen[42] und Patente, das Ansehen, das ein Unternehmen bei seinen Kunden genießt oder auch die Marktstellung, die dieses Unternehmen innehat. (Wieviel ist Micky-Maus wert oder wieviel würde beispielsweise Toyota für das Recht, einen Stern anzubringen, zahlen?)

➡️ Halb- und Fertigfabrikate erhöhen den Buchwert; auch wenn diese schon länger als unverkäufliche "Ladenhüter" lediglich Lagerkosten verursachen oder sehr schnell technisch veralten (Computer).
Das gleiche gilt für Kredite an zahlungsunfähige Schuldner – ein Problem, das viele US-Banken hatten.

➡️ Der Buchwert stellt keine Konstante dar, sondern allenfalls eine Augenblicksbetrachtung (oft genug nur eine überholte Vergangenheitskennzahl). Künftige Verluste können den Buchwert schnell mindern, dies insbesondere, wenn vorher Abschreibungen aufgrund bilanzkosmetischer Erwägungen unterlassen wurden und nun vorgenommen werden müssen. (Beispiel: der deutsche Elektronikhändler Hako mußte 1992 hohe Abschreibungen auf Lagerbestände vornehmen, was letztendlich den Buchwert rapide sinken ließ; und auch nach der Übernahme durch Escom traten diese Probleme wieder auf: Escom ging aufgrund des Wertverlustes der Lagerbestände in Konkurs.)

➡️ Auch sollte die Wirkung regulärer Abschreibungen auf den Buchwert nicht unterschätzt werden. Ein niedriges Kurs-Cash-Flow-Verhältnis läßt erwarten, daß in den Folgejahren der Buchwert durch Abschreibungen stark sinken wird.

Ein (theoretischer) Extremfall:

Die Vermögenswerte eines Unternehmens bestehen lediglich aus dem Anlagevermögen (Anschaffungskosten: 1 Mio. DM), das über zehn Jahre abgeschrieben wurde.

Nach neun Jahren steht das Anlagevermögen mit 100.000 DM in den Büchern. Dieser Buchwert wird im zehnten Jahr bis auf einen Erinnerungswert von 1 DM abgeschrieben.

Im zehnten Jahr sinkt der Buchwert abschreibungsbedingt auf Null.

---

[42] Zum Wert eines Markennamens vgl.: Dichtl/Eggers, "Marke und Markenartikel"

→ Und es muß auch die Frage gestellt werden, ob der Bilanzansatz überhaupt bei einem Verkauf erzielbar wäre, wobei letztendlich auch der Extremfall "Spezialmaschine, die kein anderes Unternehmen nutzen kann" berücksichtigt werden muß.

Per saldo gilt für den Buchwert :

> **Anlagetip:**
>
> Ein Aktienkurs in der Nähe des Buchwertes ist keine Garantie gegen Kursverluste.

Dies zum einen, weil der Abschlag zum Buchwert fast beliebig steigen kann. Unter den 1.700 Aktien, die Value-Line beobachtet, befinden sich fast 100 Aktien, die mehr als 50 % unter ihrem Buchwert notieren. Dabei werden im Extremfall an der Börse lediglich 6 % des Buchwertes bezahlt[43].

Zum anderen sind bei Aktien, die in der Nähe ihres Buchwertes notieren, Verluste oft absehbar. Verluste aber können die Substanz, und damit den Buchwert, aufzehren. So "bereinigt" sich der Abschlag vom Buchwert quasi selbstständig – an der Börse wird der künftige Buchwert vorweggenommen.

> **Anlagetip:**
>
> Aktienkurse, die über dem Buchwert liegen, sind kein Hindernis für weiter steigende Kurse.

Umgekehrt gilt:
Es gibt genügend Aktien, die seit vielen Jahren deutlich über ihrem Buchwert gehandelt werden, und sich trotzdem hervorragend entwickelten. Bei stark von immateriellen Wirtschaftsgütern geprägten Branchen ist die Aussagekraft des Buchwertes ohnehin sehr gering.

---

[43] Vgl. Value-Line, Part 1 vom 15.10.1993

Einige Schlußfolgerungen lassen sich dennoch aus dem Kurs-Buchwert-Verhältnis ziehen:

Anlagetip:

Aktien, die deutlich unter dem Buchwert notieren, sind nicht etwa besonders konservativ, sondern vielmehr spekulativ einzuschätzen.

Anlagetip:

Bei Aktien, deren Kurs-Buchwert-Verhältnis bereits exorbitante Höhen erklommen hat, spielen Substanzwertüberlegungen oft nur noch eine geringe Rolle. Entsprechend besteht bei einem Gewinnrückgang ein höheres Rückschlagspotential.

Jeder Anleger muß daher vor Anlageentscheidungen sorgfältig überlegen, ob das Unternehmen weiterhin in der Lage sein wird, die entsprechenden Gewinne zu erzielen.

Anlagetip:

Ein hohes KBV läßt auf hohe, nicht bilanzierte (vorwiegend immaterielle) Werte wie etwa Markennamen, Marktstellung, Know-how etc., mithin also auf die Existenz von Wettbewerbsvorteilen, schließen.

Gerade die Existenz von Wettbewerbsvorteilen aber ist ausschlaggebend für eine weiterhin ertragreiche Geschäftätigkeit.

---

6. Kennzahlen zu Finanzierung und Liquidität

Aus der Bilanz läßt sich eine Vielzahl von Kenngrößen ermitteln, die z.B. darüber Auskunft geben, welcher Anteil des Anlagevermögens durch langfristiges Kapital finanziert ist. Diese Größen sind primär für die Kreditwürdigkeitsprüfung durch Fremdkapitalgeber (z.B. Banken) wichtig – ihre Bedeutung für die Kursprognose von Aktien ist demgegenüber gering.

a. Eigenkapitalquote

Unter Rentabilitätsaspekten stellt eine hohe Verschuldung kein Problem dar, sofern die Kapitalrendite des Unternehmens (deutlich) größer ist, als der Fremdkapitalzins. Im Gegenteil – der Leverage-Effekt[44] macht sich in Form einer höheren Eigenkapitalrendite positiv bemerkbar.

Allerdings kann eine sehr niedrige Eigenkapitalquote die Finanzierung von aussichtsreichen Investitionen erschweren.
Für erfolgreiche und zukunftsorientierte Unternehmen, die zudem eine gute Marktposition innehaben, ist aber selbst dieses Problem lösbar.
Zum einen besteht bekanntermaßen die Möglichkeit, Gewinne nicht auszuschütten, sondern einzubehalten, wodurch sich sukzessive der Eigenkapitalanteil erhöht.
Zum anderen läßt sich selbst das Problem eines zusätzlichen Kapitalbedarfs, der anläßlich von Erweiterungsinvestitionen auftreten kann, mittels Kapitalbeschaffung über die Börse (Kapitalerhöhung) lösen. Bei hervorragenden Zukunftsaussichten stellt die Emission junger Aktien kein Problem dar.

Damit ist auch diese Kennziffer in erster Linie für die Kreditsachbearbeiter der Banken von Bedeutung und nicht für den Aktienanleger. Für die Kursentwicklung ist die Eigenkapitalquote egal – für die Messung des Risikos bieten sich bessere Anhaltspunkte[45].

> Anlagetip:
>
> Kennzahlen zu Liquidität und Finanzierung sollten nur in Ausnahmefällen Beachtung finden – beim Aktienkauf sind sie meist unwichtig!

Im übrigen gelten für die Eigenkapitalquote die Aussagen zum Buchwert – Probleme der Werthaltigkeit von Vermögensbestandteilen und das Risiko einer Aufzehrung des Eigenkapitals durch Verluste bestehen fort. Andererseits kann durch stille Reserven das effektive Eigenkapital deutlich über dem Bilanzansatz liegen.

---

[44] Wenn die Erträge aus geliehenem Geld größer sind als die Kosten für diese Fremdmittel, steigt dadurch die Eigenkapitalrentabilität.
[45] Der II. Abschnitt des sechsten Kapitels geht ausführlich darauf ein.

b. Sonstige Kennzahlen

... sind nur selten von Bedeutung. Im Folgenden werden nur einige Beispiele genannt, die Warnsignale darstellen können:

→ Ein stark steigender oder auffällig hoher Anteil des Umlaufvermögens ist möglicherweise auf unverkäufliche Waren zurückzuführen, irgendwann sind Abschreibungen "fällig", die sich dann in der Gewinn- und Verlustrechnung niederschlagen.

→ Dauerhaft hohe liquide Mittel zeigen, daß das Management keinen rentablen Verwendungszweck sieht.

→ Abschreibungen: Änderungen im Verfahren können Hinweise auf Bilanzkosmetik geben. So läßt der Übergang von degressiver auf lineare Abschreibung den Gewinn optisch steigen.

→ "Verschönern" läßt sich die Bilanz auch durch die Aktivierung immaterieller Wirtschaftsgüter und Zuschreibungen auf das Anlagevermögen.

3. Kapitel:

Wettbewerbsvorteile:
Die Basis künftiger Gewinne

Warum sind Wettbewerbsvorteile für die Aktienanalyse äußerst wichtig? Ganz einfach: Nur ein Unternehmen, das besser ist als die Konkurrenz, kann seine Produkte zu höheren Preisen verkaufen oder zu geringeren Kosten produzieren. Und nur bei diesem Unternehmen sind positive Überraschungen bei den Gewinnen wahrscheinlich. Steigende und/oder unerwartet hohe Gewinne sind die Voraussetzung für steigende Aktienkurse.

I. Die Einflußfaktoren auf den Wettbewerb

Der brancheninterne Wettbewerb beeinflußt unmittelbar die Ertragslage aller Unternehmen, die innerhalb dieser Branche tätig sind. Die Gewinne werden bei geringem oder fehlendem Wettbewerb stets höher sein, als bei scharfem Wettbewerb.

Sehr wichtig sind dabei die Konkurrenten. Der Idealfall, nämlich die Monopolstellung bei fehlenden Konkurrenten, ist die Ausnahme. Doch bereits eine monopolartige Position führt zu sehr hohen Renditen.

Die langfristige Analyse darf sich aber nicht nur auf die vorhandenen Konkurrenten beschränken, sondern muß auch auf potentielle Wettbewerber, sowie auf Konkurrenz im weiteren Sinne, d.h. Produktalternativen eingehen.

Nachdem der Käufer letztendlich über den Preis entscheidet, spielt auch dessen Verhandlungsmacht eine große Rolle. Und die Einkaufspreise (auch Arbeitsleistungen werden "gekauft"!) bestimmen bei einem vorhandenen Marktpreis des Endproduktes letztendlich auch die Unternehmensgewinne – abhängig sind die Einkaufspreise von der Macht der Lieferanten.

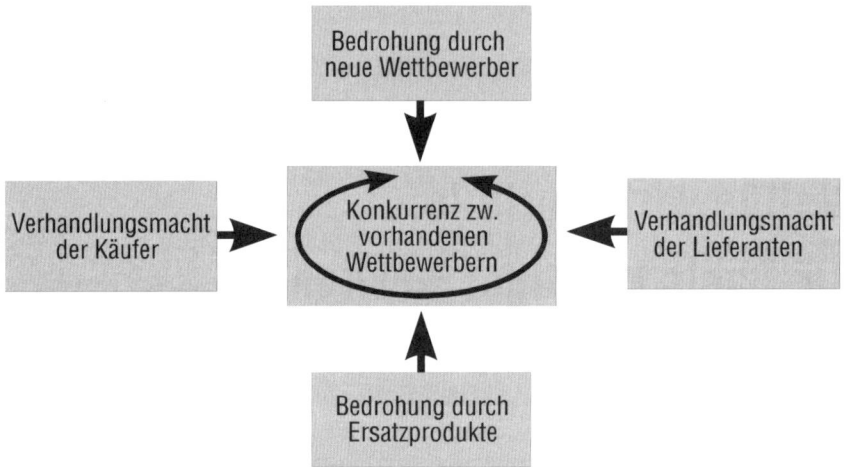

Abb. 24: Die Wettbewerbskräfte

Je nach Ausprägung dieser Wettbewerbskräfte gestaltet sich die Attraktivität und damit auch die Rentabilität einer Branche.

1. Die vorhandenen Wettbewerber

Der Wettbewerb zwischen den Unternehmen einer Branche ist von einer Vielzahl von Faktoren abhängig.

Ein starkes Wachstum der Branche läßt eine friedliche Koexistenz eher zu, da sich Absatzsteigerungen auch ohne Verdrängungswettbewerb erzielen lassen. Überkapazitäten dagegen wirken wettbewerbsverschärfend.
Gleichfalls zu einer Intensivierung des Wettbewerbs führen objektiv (Preis, Qualität) und subjektiv (Image) ähnliche oder identische Produkte.

Auch die Interessen der Unternehmen beeinflussen die Ertragslage einer Branche. So neigt ein Wettbewerber, der seinen Marktanteil um jeden Preis erhöhen will, zu einer aggressiven Politik der Preisgestaltung.

Japanische Unternehmen hatten mit genau dieser Strategie eine marktbeherrschende Stellung in vielen Branchen erobert.

Ein Beispiel für Wettbewerbspolitik, die auf hohe Marktanteile abzielt, bietet die Softwareindustrie:
Die Softwarehersteller geben ihre Produkte zu "Spottpreisen" an Computerhersteller ab. Letztendlich erhält man Programme, die im Handel weit mehr als 1.000 DM kosten entweder umsonst oder für einen symbolischen Betrag.
Von Erträgen für den Softwarehersteller kann in diesem Zusammenhang keine Rede mehr sein! Und ob das Ziel, später an Updates verdienen zu können, erreicht wird, ist auch fraglich (wer ein Programm geschenkt erhalten hat, wird zwar kaum zu einem anderen Anbieter wechseln, aber auch nur selten bereit sein, für eine etwas verbesserte Version 500 DM zu bezahlen).

Anlagetip:
Vorsicht vor Branchen mit Überkapazitäten und verfeindeten Konkurrenten.

Eine hohe Bedeutung ist auch den Austrittsbarrieren zuzumessen. Unrentable Unternehmen, die etwa aufgrund hoher Investitionen gezwungen sind, weiterzumachen, verhindern den nötigen Kapazitätsabbau und verschlechtern so die Ertragsaussichten einer ganzen Branche (weitere wichtige Austrittsbarrieren werden im vierten Kapitel genannt).
So ist die in diesem Buch mehrfach als Negativbeispiel angeführte Stahlbranche typisch für eine Industrie, in der hohe Austrittsbarrieren einer Wettbewerbsabschwächung im Wege stehen.

2. Bedrohung durch neue Konkurrenten

Diese Form der Bedrohung existiert vorrangig in attraktiven Branchen.
Eine hohe Rentabilität zieht neue Wettbewerber an, die sich ebenfalls gute Gewinne versprechen.
Dazu muß aber jeder neue Wettbewerber diverse branchenspezifische Eintrittsbarrieren überwinden. Je höher diese sind, desto geringer ist die Wahr-

scheinlichkeit, daß neue Konkurrenten die Rentabilität der etablierten Anbieter negativ beeinflussen können.

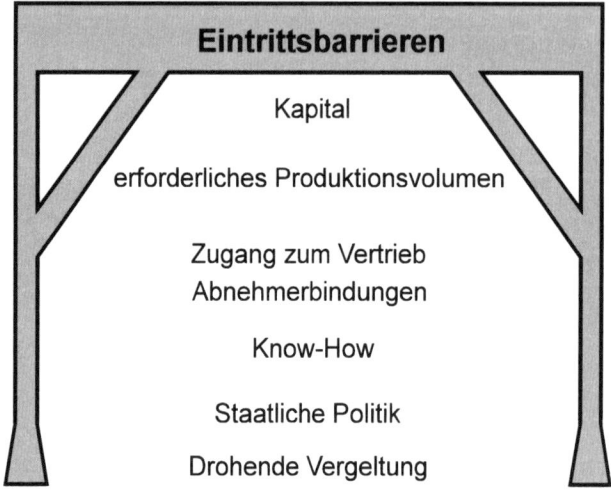

Abb. 25: Schutzmechanismen gegen neue Konkurrenten

Zunächst muß Kapital für die erforderlichen Investitionen (bzw. die Umstellung des Produktionsprogrammes) sowie Know-how bereitgestellt werden. Der Stellenwert dieser Eintrittsbarrieren ist zwar sehr stark von der Branche abhängig, in der Regel jedoch von enormer Bedeutung. Teilweise ist eine Überwindung nur durch staatliche Unterstützungsmaßnahmen möglich. Ein Beispiel hierfür ist die Flugzeugindustrie:
Ohne die massive Unterstützung seitens einiger EG-Länder wäre nie ein Airbus gebaut worden. Und ohne den Konkurrenten Airbus wäre der Aktienkurs von Boeing wahrscheinlich dreimal so hoch wie jetzt.

Ein weiteres Hemmnis läßt sich unter dem Stichwort "Absatz" zusammenfassen: Je höher die Markentreue der Abnehmerschicht ist, desto eher wird dies potentielle Konkurrenten abschrecken bzw. den Eintritt in die neue Branche scheitern lassen.[46]

Ähnliches gilt für enge Distributionswege. Ist der Handel eng mit den etablierten Branchenmitgliedern verbunden, können diese dem "Newcomer" den Zugang zum Vertrieb verwehren (Lieferboykott etc.).

Zusätzlichen Schutz vor neuen Konkurrenten bietet die Macht zu Vergeltungsmaßnahmen. Die Möglichkeit für etablierte Branchenmitglieder, sich am neuen Konkurrenten in irgendeiner Form "rächen" zu können, reicht bis zur Expansion in dessen angestammtes Geschäftsgebiet.

Ein Beispiel hierfür sind die Pläne zum All-Finanz-Konzept der deutschen Banken: Eine aggressive Umsetzung dieser Strategie hätte vermutlich zum Verlust wichtiger Kunden (Versicherungen, Unternehmen aus dem Immobiliensektor, Bausparkassen etc.) geführt. Zudem hätten sich die Banken dadurch neue Konkurrenten geschaffen – denn auch Versicherungen haben die Möglichkeit, eigene Banken zu gründen. Damit dürfte das beachtliche Vergeltungspotential dieser Gruppen entscheidend dafür sein, daß die deutschen Banken ihr All-Finanz-Konzept nur zögerlich verwirklichen.

> Anlagetip:
>
> Attraktive Branchen sollten Eintrittsbarrieren gegen "Newcomer" aufweisen.

Die genannten Eintrittsbarrieren sind in den frühen Phasen der Marktentwicklung noch nicht vorhanden. Gerade Bereiche, in denen Pionierunternehmen tätig sind, zeichnen sich oft dadurch aus, daß weder Abnehmerbindungen noch besonders hoher Kapitalbedarf bestehen. Wird der Blick nur auf finanzielle oder materielle Ressourcen gelenkt, könnten Großunternehmen ohne weiteres in diese Geschäftsfelder expandieren. Hier fungiert das Know-how als entscheidender Schutzmechanismus.

Sehr hohe Eintrittsbarrieren führen dazu, daß sich das Problem "neue Konkurrenten" nicht stellt. So wird es vermutlich weder neue Hersteller von Intel-kompatiblen Prozessoren geben, noch einen weiteren Anbieter von Großraum-

---

[46] Wer heute versuchen sollte, eine Alternative zu MS-DOS auf den Markt zu bringen, wird mit Sicherheit - unabhängig von der Qualität - scheitern.

flugzeugen. "Vertragen" sich die Marktteilnehmer in solchen Branchen, sind hohe Gewinne für alle Anbieter möglich.

3. Bedrohung durch Ersatzprodukte

Obwohl dieser Punkt für eine kurzfristig orientierte Aktienanalyse selten von Bedeutung ist, lohnt es sich dennoch, einen Blick darauf zu werfen.
Wie bei einer schrumpfenden Branche gilt auch hier: Umsatz- und Gewinnentwicklung werden durch die Existenz besserer Ersatzprodukte verschlechtert. Und wenn erst sichtbar wird, daß die Gewinne eines Unternehmens signifikant zurückgehen, dann sind die Kursverluste aller Wahrscheinlichkeit nach bereits eingetreten.
In der Vergangenheit wurden ganze Branchen von besseren Ersatzprodukten verdrängt. Ein Prozeß, der sich angesichts der immer dynamischer werdenden Wirtschaftsentwicklung extrem zu beschleunigen scheint.

Unter Substitution versteht man nicht nur den naheliegenden Ersatz eines Produktes durch ein anderes (PC statt Schreibmaschine), sondern es bestehen auch andere, oft schwieriger zu erkennende Substitutionsmöglichkeiten.
Eine durchaus wichtige Möglichkeit ist es, auf den Gebrauch eines Gutes vollständig oder teilweise zu verzichten (dies wird im Bereich Verpackungsmaterial zunehmend der Fall sein). Auch läßt sich ein Neuprodukt durch gebrauchte Produkte ersetzen (so wird vermutlich die gebrauchte CD eines der wichtigsten Ersatzprodukte für die neue Compact-Disk werden; Recycling-Papier ist zumindest partiell als Substitutionsgut für Zellstoff anzusehen[47]).

Allerdings wird nicht jedes verfügbare Ersatzprodukt automatisch zur Verdrängung führen.
Grundvoraussetzung für einen Verdrängungswettbewerb ist zunächst ein – aus Käufersicht – besseres Preis-Leistungs-Verhältnis. Die potentiellen Käufer müssen von der Verfügbarkeit des Alternativ-Produktes Kenntnis erlangen und zu dessen Kauf bereit sein.

---

[47] Vielleicht ist dies eine Erklärung für den Verfall der Zellstoffpreise.

Ein endgültiger Verdrängungswettbewerb setzt erst dann ein, wenn auch diejenigen, die bereits das Vorgängerprodukt nutzten, auf das neue Produkt umsteigen.

Dabei bestehen zwei Hemmnisse:
- Die Anwender haben sich an das alte Produkt gewöhnt und scheuen die Umstellung;
- außerdem muß der Käufer auch bereit sein, die Kosten für eine solche Umstellung aufzubringen.

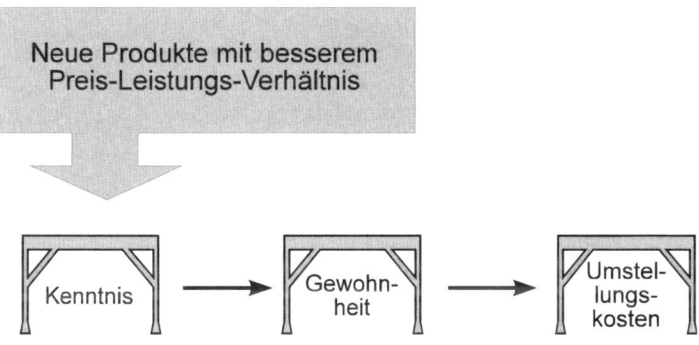

Abb. 26: Hindernisse gegen neue Produkte

Beispiel: Ein Schreibmaschinenhersteller wird, trotz bestem Ruf, hervorragender Qualität und niedriger Kosten, unter rückläufigen Erträgen – bedingt durch das Substitutionsprodukt Computer – zu leiden haben. AEG hat diesen Verdrängungswettbewerb bei der Übernahme der Mehrheit von Triumph-Adler übersehen – die Folgen sind bekannt: Inzwischen existiert diese Firma nicht mehr als eigenständiges Unternehmen!
Auch der Aktienanleger hatte damals wenig Freude an diesem Wert, wenn man den FAZ-Index zum Vergleich heranzieht (gestrichelte Linie).

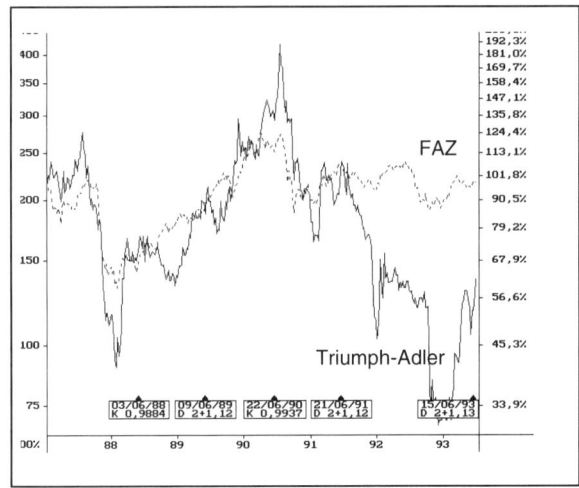

Abb. 27:

Kursverlauf
TA vs. DAX

Die Liste der zumindest teilweise verdrängten (bzw. nur noch durch dirigisti-
sche Eingriffe seitens des Staates lebensfähigen) Produkte läßt sich fast beliebig fortsetzen:

→ Spielecomputer (Atari, Commodore) durch PCs und Spielkonsolen (Sega,
   Nintendo)
→ Super-8-Kameras durch Videokameras
→ Tonbandgeräte und Kassettenrecorder der obersten Preislage (Revox,
   Nakamichi) durch digitale Aufzeichnungsverfahren (DAT)
→ öffentliche Verkehrsmittel durch PKW
→ Binnenschiffahrt durch LKW
→ Schwarz-Weiß-Fotos durch Farbbilder

Anlagetip:

Die Überlegung, ob die Produkte eines Unternehmens in Kürze überflüssig
sein werden, erspart Kursverluste.

Doch – wie bereits erwähnt – führt nicht jedes bessere Produkt auch zwangsläufig zu einem Verdrängungswettbewerb.

70

So dürfte das Hemmnis "Umstellungskosten" der ausschlaggebende Grund für das Fortleben von Großrechnern sein. Obwohl im Vergleich zu Netzwerklösungen wesentlich teurer, werden sie – aufgrund der verschiedenen Probleme, die mit einer Umstellung verbunden sind – weiter beibehalten.

So kann eine Unzahl wichtiger Programme mangels Dokumentation kaum für andere Rechnerumgebungen umgeschrieben werden und zwingt infolgedessen zur Nutzung einer veralteten Technologie. Entscheidend ist damit nicht mehr der Preis der Rechner, sondern die Umstellungskosten (fast die gesamte Software müßte neu geschrieben werden).

Ähnliches gilt für die Analogplattenspieler: Umfangreiche Sammlungen von Langspielplatten werden über Jahrzehnte hinweg für eine Nachfrage sorgen – allerdings nur noch für Nischenanbieter.

Von Substitutionsprozessen werden nicht nur die Anbieter der Güter selbst betroffen, sondern auch die Anbieter sogenannter Komplementärgüter.

Ein Hersteller von Farbbändern für Schreibmaschinen und Nadeldrucker wird natürlich von der steigenden Verbreitung von Tintenstrahl- und Laserdruckern betroffen. So ließ sich die Kursentwicklung der Turbon-Aktie leicht erklären – 60 % des Umsatzes entfielen auf Farbbänder.

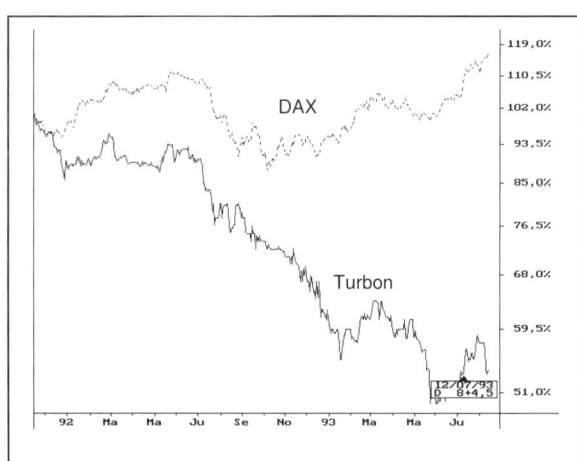

Abb. 28:

Turbon vs. DAX

4. Verhandlungsmacht der Kunden

Ein aktuelles Beispiel dafür, daß die Nachfragemacht der Kunden ein wesentliches Kriterium für die Unternehmenserträge darstellt, bot der "Kampf" zwischen Autoherstellern und Zulieferern.

Die Wirtschaftspresse berichtete ausführlich zu diesem Thema, besonders im Hinblick auf VW und dessen Einkaufsmanager López. Wie groß die Nachfragemacht der Autohersteller ist, zeigte sich an Meldungen, wonach VW – trotz bestehender Verträge – einseitig und ultimativ eine Senkung der Preise um 5-15 % nicht nur forderte, sondern auch durchsetzen konnte.

Der Verfasser will hier allerdings nicht detailliert die Vorgehensweise von VW erörtern, sondern die Ursachen der Verhandlungsmacht von Kunden am Beispiel der Autozulieferer darstellen.

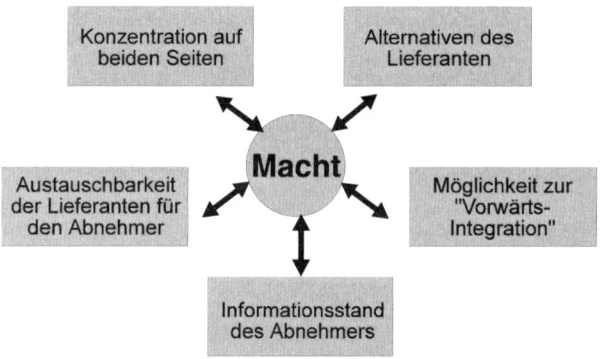

Abb. 29: Einflußfaktoren auf die Verhandlungsmacht von Kunden

Der Wettbewerb zwischen Zulieferern und Kunden ist zunächst von der jeweiligen Branchenstruktur im volkswirtschaftlichen Sinn abhängig. Die Macht der Kunden wird gefördert, wenn auf der Nachfragerseite oligopolistische Verhaltensweisen dominieren, d.h. nur wenige Nachfrager vorhanden sind, gleichzeitig aber eine Vielzahl von Lieferanten existieren.

Im Fall der Autoindustrie dürfte das Zahlenverhältnis bei etwa einem Abnehmer auf hundert Lieferanten liegen.

Zudem sind die Lieferanten stark von den Automobilherstellern abhängig. Selbst ein großer börsennotierter Zulieferer kann auf keinen Kunden verzichten, ohne deutliche Umsatzrückgänge (und damit Verluste) hinnehmen zu müssen.

Für die Abnehmer dagegen – im vorliegenden Beispiel sind das die Autohersteller – sind die Zulieferer weitgehend austauschbar. Wichtig ist hierbei, daß die Praxis der weltweiten Ausschreibungen bezüglich der Lieferung von Teilen zu einem schärferen Preis-Leistungs-Wettbewerb geführt hat.

Schutzmechanismen (Differenzierungsvorteile) – wie etwa besonderes Knowhow oder der Umstand, daß die Endabnehmer auf den Einbau bestimmter Teile bestehen – können die Abhängigkeit einer Branche vom Kunden vermindern.

Bei den Autozulieferern sind die Autohersteller im Besitz des Know-hows; zudem ist dem Autokäufer die Herkunft der Einzelteile weitgehend gleichgültig. (Ausnahmen sind vielleicht Reifen oder Autoradios).

Bestehende Differenzierungsvorteile schützen dagegen die Hersteller von Markenartikeln und besonders hochwertigen Gütern vor der Nachfragemacht des (Einzel-)Handels. So können im Lebensmittelbereich, trotz der sehr mächtigen Handelsketten, Firmen wie Nestlé oder Unilever gute Erträge erzielen. Der Verzicht auf eine große Palette von Markenprodukten, wie sie beispielsweise Nestlé besitzt, würde das entsprechende Handelsunternehmen fast schon in die Nähe von Discountern rücken.

Die Macht der Kunden ist dagegen geringer, wenn direkt an den Endabnehmer verkauft werden kann oder die Endprodukte selbst hergestellt werden ("Vorwärts-Integration"). Dies ist in vielen Branchen möglich – ein Hersteller von Stoffen kann diese selbst zu Kleidungsstücken verarbeiten; ein Hersteller von Kleidungsstücken ein eigenes Vertriebsnetz aufbauen (Benetton, Stefanel etc.). Auch diese Chance ist Branchen wie den Autozulieferern verwehrt.

Ebenfalls nachteilig ist für eine Branche, wenn ihre Kunden genau über Kosten und Erträge informiert sind.
Ein Sachverhalt, den der Leser selbst leicht nachvollziehen kann: Jemand, der weiß, daß der Fahrradhändler das 1000-DM-Fahrrad für 500 DM einkauft,

wird härter feilschen, als jemand, der glaubt, der Einkaufspreis liege bei 800 DM.

Und auch die Bedeutung des absoluten Produktpreises ist wichtig für den Abnehmer.

Dies gilt für den Endverbraucher, der beim Erwerb eines Fernsehgerätes die Preise sorgfältig vergleicht, beim Kauf des Antennenkabels dagegen kaum darauf achtet. Ebenso wird auch ein Hersteller von Fernsehapparaten beim Einkauf der Bildröhre mehr auf den Preis achten als bei der 10-Pfennig-Schraube.

Anlagetip:

Branchen, die mächtigen Abnehmern ausgeliefert sind, meiden, sofern keine Differenzierungsvorteile für das Unternehmen bestehen.

Es lohnt sich also für den Aktionär, Überlegungen zum Thema "Kundenmacht" anzustellen. Um nochmals auf die Autoindustrie und deren Zulieferer zurückzukommen: An der deutschen Börse waren vom 1.1.1988 bis 15.10.1996 mit Autozulieferern nur geringe Gewinne zu verbuchen, mit Autoherstellern dagegen konnte das eingesetzte Kapital verdoppelt werden.

5. Verhandlungsmacht der Lieferanten

Nicht nur die Abnehmer von Produkten können Macht ausüben, auch Lieferanten können sich in der Position des Stärkeren befinden, und ihren Verkaufspreis weitgehend autonom festlegen.

Diese Machtquellen entsprechen in hohem Maß jenen der Abnehmer.

$\longrightarrow$ Wer Marktführer ist und als solcher eine monopolartige Stellung innehat, kann den Wiederverkäufern oft die Preise diktieren und gleichzeitig Einheitspreise am Markt durchsetzen. Das gleiche gilt für Unternehmen, die technologische Standards setzen.

74

Bei einer unangefochtenen Marktführerposition können im Extremfall mittels Androhung eines Lieferboykotts sogar Konkurrenzprodukte vom Markt ferngehalten werden. Als Beispiel wäre unter anderem Nintendo[48] aufzuführen.

Anlagetip:

Aktien von Unternehmen, die technolgische Standards setzen oder eine monopolartige Stellung innehaben, sind überdurchschnittlich aussichtsreich.

➡️ Ebenfalls ein hoher Preissetzungsspielraum besteht im Falle, daß die Endabnehmer hohen Wert auf das Produkt eines *bestimmten* Herstellers legen. Der Verfasser möchte hier den Prozessorhersteller Intel[49] anführen. Besonders bemerkenswert ist die Tatsache, daß die Computerhersteller als Abnehmer gezwungen sind, die Macht von Intel zu verfestigen. Um die Preiswürdigkeit ihrer Produkte zu unterstreichen (Prozessoren anderer Hersteller sind fast immer billiger), werben sie mit dem Slogan "Intel Inside". Gerade dadurch suggerieren sie ihren Kunden aber, daß Intel-Chips besonders hochwertig sind – und verstärken dadurch ihre Abhängigkeit von diesem Prozessorhersteller, steigern somit dessen Verhandlungsmacht.

Und für den Zwang bei den Computerherstellern, mit dem Namen Intel zu werben, ist zumindest ein Konkurrent von Intel selbst verantwortlich:

Die Firma Cyrix nämlich brachte unter der Bezeichnung "486" einen Prozessor auf den Markt, der in der Leistung schlechter war als der 486er der Firma Intel. Und aktuell werden die Käufer von Gerüchten verunsichert, daß beim Cyrix-686-Prozessor Temperaturprobleme auftreten.

Die Auswirkungen solcher Verhandlungsmacht schlagen sich, wie die folgende Grafik zeigt, in deutlichen Kursgewinnen nieder.

---

[48] Vgl.: Spiegel vom 2.8.1993, inzwischen hat Nintendo aber unter dem Substitutionsprodukt "PC" zu leiden.
[49] Für den Erfolg von Intel waren allerdings auch andere Faktoren entscheidend, wie etwa technologische Führerschaft oder hohe Eintrittsbarrieren.

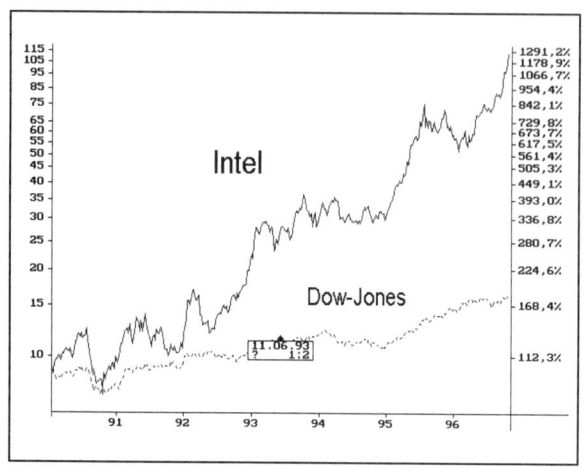

115	1291,2%
105	1178,9%
95	1066,7%
85	954,4%
75	842,1%
65	729,8%
60	673,7%
55	617,5%
50	561,4%
45	505,3%
40	449,1%
35	393,0%
30	336,8%
25	280,7%
20	224,6%
15	168,4%
10	112,3%

Abb. 30:

Intel vs. Value-Line-Index

➡ Desgleichen ist Know-how beim Lieferanten ein Mechanismus, der vor der Nachfragermacht schützt. Ein Abnehmer, der auf das technologische Wissen seines Lieferanten angewiesen ist oder dessen Patente beachten muß, kann offensichtlich weniger Macht ausüben.

➡ Für viele Unternehmen ist der Schutz durch Markennamen wichtig – der private Konsument erwartet beim Einkauf ein gewisses Grundsortiment von Markenprodukten. Dies schränkt die Macht des Handels ein. Denn kaum ein Kunde, der Persil, Nescafé und Überraschungseier kaufen möchte, wäre bereit, dafür drei Geschäfte aufzusuchen.

Etablierte Markenhersteller haben darüber hinaus die Möglichkeit, den Handel auszuschalten. Meist wird dies zwar nur in geringem Umfang, in Form eines sogenannten "Fabrikverkaufs" betrieben. In einzelnen Bereichen jedoch – zu nennen wären Firmen wie Eduscho und Tschibo, aber auch Bekleidungshersteller wie Benetton - haben sich die Hersteller völlig von der Macht des Handels abgekoppelt.

Bereits die Existenz dieser strategischen Option schützt Hersteller von Markenartikeln vor der Macht des Handels.

II. Nationale Wettbewerbsvorteile

Kein Unternehmen kann isoliert betrachtet werden, sondern es ist als ein Teil seiner Umwelt von externen Gegebenheiten abhängig.

Leicht ins Auge fallen nationale Wettbewerbsvorteile[50] wie niedrige Lohnkosten und vergleichbare materielle Faktoren (Umweltschutzauflagen etc.).

Aber auch die immateriellen "Ressourcen" eines Landes sind ein äußerst wichtiger Erfolgsfaktor. Trotz aller Globalisierungstendenzen haben die meisten Unternehmen den Schwerpunkt ihrer Geschäftstätigkeit innerhalb eines Landes. Folglich werden deren Produkte vom Käufer einem bestimmten Land zugeordnet – oft zum Vorteil der betroffenen Unternehmen.

1. Materielle Wettbewerbsvorteile

Die Volkswirtschaftslehre legt in ihrer Theorie der komparativen Kosten den Schwerpunkt auf den Preis der Produktionsfaktoren, sprich Kapital, Arbeit, Boden und natürliche Ressourcen (Rohstoffe, Energie). Auch Ausbildungsstand und Infrastruktur finden in etwas neueren Theorien Berücksichtigung.

Dabei ist die Mobilität einiger Produktionsfaktoren zu beachten: Kapital ist weitgehend mobil. Lediglich bei Ländern mit relativ schlechter Schuldnerbonität muß eine Risikoprämie bezahlt werden. Boden und Rohstoffe dagegen sind für die meisten Industriezweige inzwischen relativ bedeutungslos geworden, wie der Aufstieg des rohstoff- und bodenarmen Japan zeigt.

Weit wichtiger ist der Produktionsfaktor Arbeit. Nicht allein die Lohnkosten in ihrer absoluten Höhe, sondern auch die Qualifikation und Produktivität der Arbeiter ist bis zu einem gewissen Grad sehr wichtig. Erst deutliche Lohnunterschiede bei vergleichbarer Qualifikation führen zu entsprechenden Vor- bzw. Nachteilen im Wettbewerb.

---

[50] Ausführlich zu diesem Thema: Michael E. Porter, "Nationale Wettbewerbsvorteile"

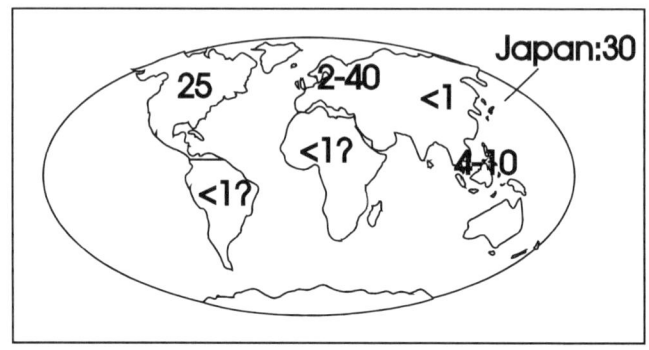

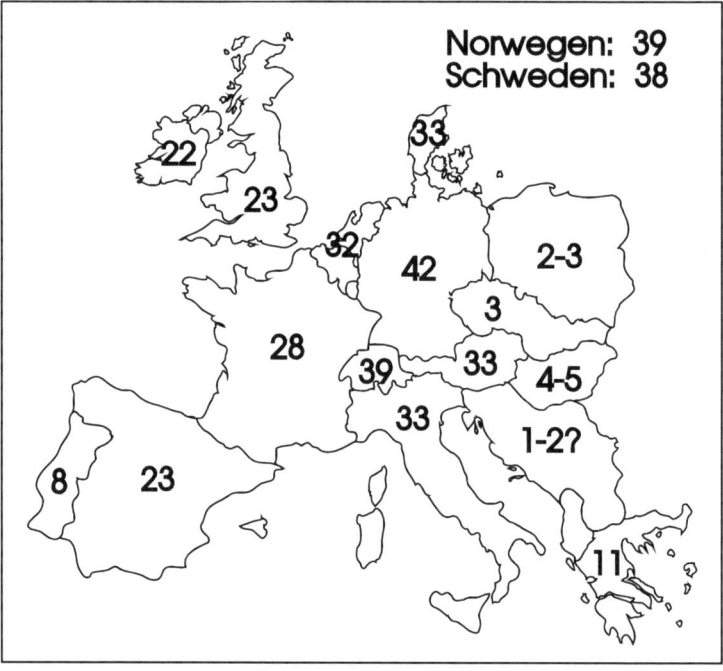

Abb. 31: Lohnkosten in DM/Stunde [51]

[51] Managermagazin 7/93; Zahlen zur wirtschaftlichen Entwicklung der BRD 1993, Hrsg.: Institut der deutschen Wirtschaft; eigene Schätzungen.

Grundsätzlich hat ein Land – und damit die Unternehmen dieses Landes – Vorteile im Vergleich zu seinen Wettbewerbern, wenn es über billigere Produktionsfaktoren für ein bestimmtes Gut verfügt.

Wirksam wird dieser Kostenvorteil vor allem dann, wenn das Produkt nicht aufgrund des Herkunftslandes als "minderwertig" eingestuft wird.
Bei Baustahl beispielsweise verfügen osteuropäische Länder über sehr hohe Kostenvorteile (niedrige Löhne, geringere Umweltschutzauflagen etc.) im Vergleich zum Westen. Dem Käufer ist das Herkunftsland gleichgültig, es werden weder Qualitätsmängel noch Imageverluste beim Endprodukt befürchtet. Nur der Preis ist entscheidend.
Das gilt nicht nur für Stahl, sondern für alle Güter, deren Nutzen aus der Sicht der Abnehmer vom Herkunftsland unabhängig ist. Betroffen sind insbesondere Güter, die aufgrund ihrer Homogenität, sowie einer stets vorhandenen Nachfrage ohne Marketingaufwand vertrieben werden können. Beispiel: chemische Grundstoffe wie Ethylen und Vinylchlorid.

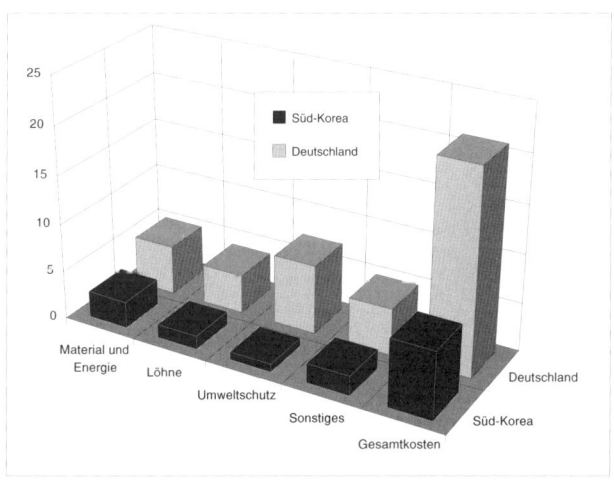

Abb. 32: Vergleich der Herstellkosten von Zwischenprodukten der chemischen Industrie[52]

---

[52] Vgl. Börse Online Heft 30/93

Bei solchen Produkten sind allein die Herstellungskosten, d.h. die Preise der Einsatzfaktoren, entscheidend.

Einen reinen Preiswettbewerb gewinnt stets der Anbieter mit den niedrigsten Kosten. Schutzzölle können zwar den Wettbewerbsdruck vorübergehend mindern – langfristig stärken sie jedoch den Billigproduzenten, da dieser dadurch zu zusätzlichen Rationalisierungen gezwungen ist. Die Wirkungslosigkeit von Zollbarrieren zeigte sich u. a. bei Unterhaltungselektronik und Kopierern – trotz hoher Schutzzölle eroberten japanische Unternehmen diese Märkte weitgehend.

Anlagetip:

Beim Aktienkauf sollte der Anleger darauf achten, ob die Produkte des Unternehmens in gleicher Qualität auch in Billiglohnländern gefertigt werden.

Die aktuelle Entwicklung deutet darauf hin, daß die *globale* Komponente des Wettbewerbs weiter an Bedeutung gewinnen wird. Die "Flucht" der Autozulieferer in Billiglohnländer ist nur eines der zahlreichen Indizien dafür.

2. Immaterielle Wettbewerbsvorteile

Bereits stärker auf immateriellen Aspekten beruht die folgende Tabelle. Basis dieser Rangfolge bildeten internationale Umfragen unter Führungkräften. Dabei floß eine Vielzahl von Einzeldaten ein; nicht nur Fakten wie Pro-Kopf-Einkommen, Inflation und Vertrauen zu Führungskräften und Politik, sondern auch die persönlichen Einschätzungen der Befragten wurden berücksichtigt.

Rang 1993	Land	Rang 1992	Trend
1	Japan	1	→
2	USA	5	↑
3	Dänemark	4	↗
4	Schweiz	3	↘
5	Deutschland	2	↓

Tab. 6: Wettbewerbsfähigkeit führender Industrienationen[53]

Typisch für solche – z.T. auf subjektiven Einschätzungen beruhende – Daten ist eine recht hohe Trägheit (niemand ändert die eigene Meinung gerne radikal). Daher sind bereits relativ geringe Verschiebungen von Bedeutung.

Anlagetip:

Läßt die internationale Wettbewerbsfähigkeit eines Landes nach, so sollten auch Aktien der global tätigen Unternehmen dieses Landes untergewichtet werden.

---

a. Das Image eines Landes

Eine weitere Quelle der internationalen Wettbewerbsfähigkeit will der Verfasser hier ansprechen:
Der Ruf eines Landes wirkt sich auf die Absatzmöglichkeiten bestimmter Produkte und damit auch auf den Preisgestaltungsspielraum der betreffenden Unternehmen aus.
Direkte Beziehungen zwischen dem Länderimage und den Erträgen der Unternehmen sind die Folge.

Anlagetip:

Beim Aktienkauf Unternehmen bevorzugen, die vom Image des Heimatlandes profitieren.

---

[53] Vgl. o.V., Handelsblatt vom 22.6.1993

81

Eine schweizer Präzisionsuhr verkauft sich auch bei höheren Preisen besser, als die gleiche Uhr mit dem Aufkleber "Made in Taiwan" – selbst bei identischer Qualität! Und die Aufschrift "Made in Germany" berechtigt in bestimmten Bereichen immer noch zu einem Preisaufschlag.

Dies gilt für deutsche Autos genauso wie für französisches Parfüm, ungarische Salami, schweizer Schokolade, italienische Schuhe und bayrisches Bier! Produzenten, die in entsprechenden Bereichen global tätig sind, können höhere Preise am Markt erzielen. Angesichts der oft ähnlichen Kostenstruktur sind damit höhere Gewinne vorprogrammiert.

Es gilt jedoch die Einschränkung: nationale Wettbewerbsvorteile dieser Art kommen erst im internationalen Wettbewerb zum Tragen. Eine bayrische Brauerei wird aufgrund des Herkunftslandes Vorteile gegenüber norwegischen Konkurrenten haben, im Wettbewerb mit anderen bayrischen Brauereien hingegen ergeben sich natürlich keine Vorteile.

Entsprechende Überlegungen können sich auch für den Aktionär auszahlen – einige Charts zeigen dies deutlich.

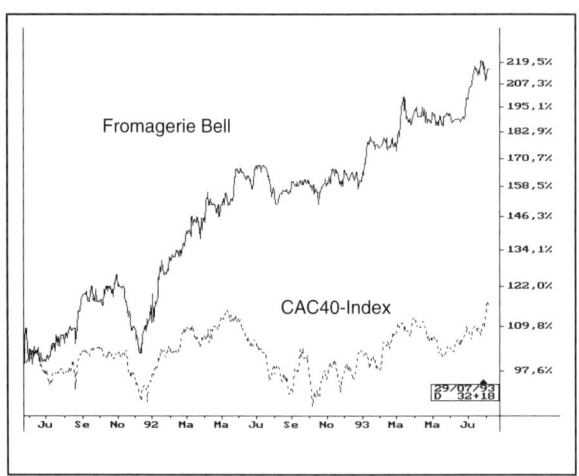

Abb. 33:

Französischer Käse
(Fromagerie Bell)

82

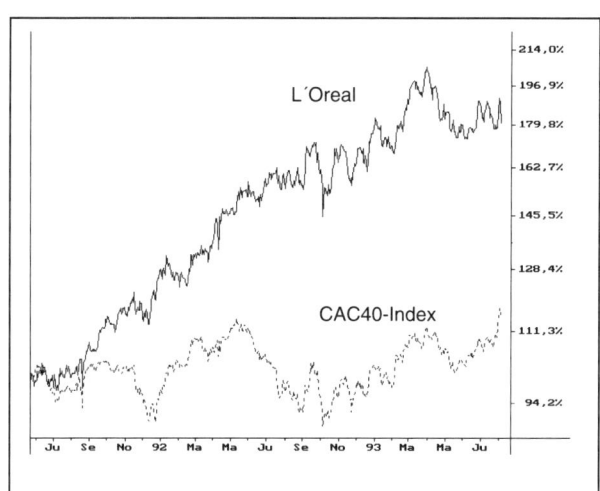

Abb. 34:

*Französisches
Parfüm (L´Oréal)*

Abb. 35:

*Schweizer
Uhren (SMH)*

Abb. 36:

*Schweizer
Schokolade
(Lindt&Sprüngli)*

Auch hier wieder die Frage: "Wie ging es seit der 1. Auflage dieses Buches weiter": SMH verlor ca. 25 Prozent und Fromagerie Bell 10 Prozent, Die Kurse der anderen Werte stiegen (LÓreal: 130 Prozent Lindt & Sprüngli: 70 Prozent)

b. "Im harten Wettbewerb groß geworden"

Eine der Ursachen für den internationalen Erfolg von Unternehmen eines bestimmten Landes ist der harte nationale Wettbewerb. Unternehmen, die sich z.T. seit Jahrhunderten (deutsche Druckmaschinenindustrie[54]) einem harten nationalen Konkurrenzkampf stellen müssen, sind gezwungen, qualitativ hochwertige und dabei preisgünstige Produkte zu liefern. Gleichzeitig ergibt sich dadurch auch ein überdurchschnittlich hoher Ausbildungsstand der Arbeitnehmer in der jeweiligen Branche.

Weitere Fallstudien, die einen Zusammenhang zwischen hartem nationalem Wettbewerb und internationalem Erfolg belegen, führt Porter[55] an.

---

[54] Vgl. die Studie in Porter, "Nationale Wettbewerbsvorteile", S. 203-218
[55] ebenda

bietet fast die gesamte Konsumgüterindustrie der ehemals sozialistischen Länder.

Anlagetip:

Aktien von Unternehmen, die bisher vor dem Wettbewerb geschützt wurden und sich in Zukunft diesem stellen müssen, sollten gemieden werden.

Anlagetip:

Wer im harten Wettbewerb erfolgreich war, wird dies regelmäßig auch in Zukunft sein – die entsprechenden Aktien sind überdurchschnittlich aussichtsreich.

III. Unternehmensspezifische Wettbewerbsvorteile

Ein Wettbewerbsvorteil wird erst dann wirksam, wenn dadurch etwas geschaffen wird, das für den Käufer des Produktes einen Wert darstellt. Nur dann wird der potentielle Kunde das Produkt auch erwerben und gegebenenfalls auch bereit sein, mehr dafür zu zahlen.

Nur wenige Wettbewerbsvorteile, die Unternehmen erfolgreich machen, haben ihre Ursachen in nationalen Gegebenheiten – die wichtigsten Wettbewerbsvorteile entspringen dem Unternehmen selbst.
Anders ist auch nicht zu erklären, daß deutsche Maschinen- und Autohersteller trotz umfangreicher Wettbewerbsnachteile (Löhne, Lohnnebenkosten, Steuern) eine dominierende Stellung auf dem Weltmarkt innehaben.

Jedes Unternehmen hat die Chance, durch innovative Produkte, optimierte Fertigungsverfahren, herausragenden Kundendienst oder besondere Qualität Wettbewerbsvorteile zu erlangen.

Grundsätzlich stehen dafür zwei Strategien zur Verfügung:

→ *Kostenführerschaft*, d.h. die Fähigkeit, Leistungen (Herstellung, Vertrieb etc.) bei einer vom Markt akzeptierten Qualität kostengünstiger zu erbringen als andere Wettbewerber;

→ *Differenzierung*, d.h., daß zu einem von seiten des Abnehmers noch akzeptierten Preis bessere, vertrauenswürdigere oder prestigereichere Produkte geliefert werden.

Daneben wird in der Literatur noch die

→ *Nischenstrategie* erwähnt, d.h. die Konzentration auf ein kleines oder sehr kleines Marktsegment. Durch diese – geografische oder fachliche – Spezialisierung kann ein kleines Unternehmen in die "Star"-Position (vgl. Seite 125f) aufrücken.
Regelmäßig handelt es sich dabei jedoch um die Strategien der Kostenführerschaft bzw. der Differenzierung – jedoch nicht auf eine ganze Branche, sondern lediglich auf ein kleines Branchensegment bezogen.

Diese Strategien wirken quasi als Schutzmechanismen gegen die Wettbewerbskräfte. Die folgende Tabelle stellt dies kurz dar.

Wettbewerbskraft	Schutzwirkung der Kostenführerschaft	Schutzwirkung der Differenzierung
Neue Konkurrenten	Kostenvorteile durch Erfahrungskurve	Qualitative Überlegenheit
Bestehende Konkurrenten	unempfindlich gegen Preiskriege	"Einzigartigkeit"
Ersatzprodukte	– gering -	"Einzigartigkeit"
Abnehmer	konkurrenzloser Preis	bessere Qualität
Lieferanten	bei Preiserhöhungen weniger verwundbar	– gering -

Tab. 7: Schutzmechanismen von Wettbewerbsvorteilen

Allen unternehmensspezifischen Wettbewerbsvorteilen ist eines gemeinsam: Sie entstehen nicht von selbst, sondern sind das Ergebnis von Verbesserungen und Innovationen, somit von Veränderungen.

Ein träges und bürokratisches Management mit der Einstellung "das wurde schon immer so gemacht" ist dazu nicht fähig. Auch für Großunternehmen läßt sich dies beurteilen (Mitarbeiter fragen!). Das Ausmaß von Bürokratie auf Abteilungsebene ist meist ein Spiegelbild der Bürokratie im Top-Management; selbst wenn dies nicht der Fall ist, werden unbürokratische Entscheidungen des Top-Managements auf Abteilungsebene "kaputtgemacht".

> Anlagetip:
> Bei der Aktienauswahl auf ein flexibles Management achten.

Das schwedische Möbelhaus IKEA wurde nur deshalb so erfolgreich, weil es den traditionellen Möbelverkauf (erst bestellen, dann warten, bis die Ware geliefert und aufgebaut wird) völlig veränderte. Daraus erwuchs nicht nur ein Differenzierungsvorteil (keine Wartezeit für den Kunden, das "Erlebnis" des Selbstaufbauens), sondern auch ein Kostenvorteil (Kosten für Lieferung und Aufbau der Möbel entfielen). Und es hat erstaunlich lange gedauert, bis Konkurrenten dieses Erfolgsrezept kopierten.

1. Die Quellen von Wettbewerbsvorteilen

Wettbewerbsvorteile können nicht nur bei der Herstellung der Produkte realisiert werden; alle betrieblichen Tätigkeiten beinhalten potentielle Wettbewerbsvorteile.

Naheliegende Bereiche, in denen Vorteile gegenüber den Konkurrenten entstehen können, sind die sogenannten Primär-Aktivitäten:

Abb. 37:

Primäraktivitäten

In jedem dieser Bereiche können sowohl Kostenvorteile realisiert, als auch der Grundstein für bessere Qualität gelegt werden.

Das wohl bekannteste Beispiel für die Schaffung eines Wettbewerbsvorteils bei der Herstellung dürfte die Einführung des Fließbandes durch Henry Ford gewesen sein. Einen ähnlichen, wenn auch nicht ganz so extremen Vorsprung erzielten jene Unternehmen, die als erste die Vorteile der "Just-in-Time"-Anlieferung von Komponenten nutzten.
Auch eine bereits beim Wareneingang erfolgte Qualitätsprüfung kann sowohl Differenzierungsvorteile (über verbesserte Qualität der Produkte) verschaffen, als auch zu einem Kostenvorsprung (weniger Nachbesserungsarbeiten) führen.

Aber auch die sogenannten Sekundär-Aktivitäten[56] können Vorteile gegen die Konkurrenten verschaffen. Dabei reicht die Spanne von den unternehmens-internen Ressourcen (kostengünstigere Finanzierungsmöglichkeiten etc.) bis hin zum Motivationsgrad der Mitarbeiter.

---

[56] Darunter versteht man diejenigen Aktivitäten, welche die Primäraktivitäten unterstützen. Beispiel: Personalwirtschaft, Technologieentwicklung, Beschaffung, Unternehmensinfrastruktur.

2. Kostenführerschaft

Kostenführerschaft birgt einige Vorteile:
Sie ist als Unternehmensziel leicht zu definieren und – als quantitative Strategie – leicht kontrollierbar. Das entsprechende Kontrollorgan, die Kostenrechnungsabteilung, ist ohnehin in jedem Unternehmen vorhanden. Allerdings ist das Streben nach Kostenführerschaft nicht für alle Unternehmen zweckmäßig.

a. Voraussetzungen für Kostenführerschaft

Kostenführerschaft setzt voraus, daß die Leistungen im Vergleich zu den Konkurrenten kostengünstiger erbracht werden können.

Ein erster Ansatzpunkt ist der Marktanteil: Zwei Faktoren wirken hier auf die Kosten ein:
Zum einen sinken Preise bekanntlich – bei sonst unveränderten Rahmenbedingungen – mit höheren Stückzahlen (Economies of Scale). Ursache dafür sind die stets vorhandenen Fixkosten, wie etwa Aufwendungen für die Entwicklung oder Maschinenrüstzeiten. Auch Mengenrabatte beim Einkauf oder die Möglichkeit, rationellere Fertigungsverfahren einzusetzen (z.B. Spezialmaschinen, die sich erst bei großen Stückzahlen amortisieren) sind Ursachen dieser Economies of Scale.
Zum anderen tritt der sogenannte "Erfahrungskurveneffekt" (Economies of Scope) ein. Dieser ist nicht vom Produktionsvolumen pro Zeiteinheit abhängig, sondern von der bisherigen Gesamtproduktion. Eine bessere Kenntnis von Produkten, Produktionsverfahren und auch Kundenbedürfnissen vermindert die Anzahl von Fehlern und führt zu optimalen Entscheidungen.
Aufgrund der stückzahlenabhängigen Kostendegression kann ein Anbieter mit geringem Marktanteil nur ausnahmsweise Kostenführer werden.

Ein zweiter Ansatzpunkt sind die Preise der Produktionsfaktoren im weiteren Sinn, da diese direkt in die Kosten der Produkte eingehen. Kostenführerschaft kann sich dann zwangsläufig ergeben, und muß nicht als Strategie angestrebt werden. Dies gilt für Unternehmen mit arbeitsintensiver Produktion, die in einem Billiglohnland tätig sind ebenso wie für ein Rohstoffunternehmen, das Bodenschätze mit geringerem Aufwand fördern kann.

Ebenfalls häufig genutzt wird der Ansatz "Kostenvorteile im Vertrieb". Durch die Ausschaltung von Einzel- und Großhandel mittels Direktvertrieb können Gewinnspannen anderer Unternehmen vereinnahmt werden. Dell Computer gelang es mit dieser Strategie, in wenigen Jahren zu einem der wichtigsten Computeranbieter aufzusteigen.

Sehr wichtig für den Erfolg von Kostenführerstrategien ist, daß wirklich *alle* kostenrelevanten Bereiche vom Einkauf über die Fertigung bis hin zum Marketing erfaßt werden. Viele Unternehmen begehen den Fehler, die nutzbaren Größenvorteile durch eine übertriebene Produktvielfalt wieder zu verwässern, wie etwa Volkswagen Anfang der 90er Jahre mit einer zu breiten Modellpalette und vor allem zu vielen unterschiedlichen Bauteilen.

b. Risiken der Kostenführerschaft

Die Vorteile der Kostenführerschaft liegen auf der Hand. Allerdings gibt es wohl kaum einen Wettbewerbsvorteil, der sich so schnell kopieren ließe. Darüber hinaus kann die Strategie der Kostenführerschaft leicht in eine Vernachlässigung von qualitativen Aspekten münden.
Die drohende Konsequenz: eine früher vielleicht angesehene Marke erhält das Image "billig, aber schlecht", während gleichzeitig ein anderer Wettbewerber – dank neuer Fertigungsverfahren oder der Herstellung in Billiglohnländern – zu günstigeren Preisen anbietet.

Anlagetip:

Wer Aktien von Billiganbietern kauft, sollte die Hersteller von "qualitativ unkritischen" Produkten vorziehen. Ansonsten muß das Preis-Leistungs-Verhältnis der Produkte zumindest gelegentlich überprüft werden.

---

3. Differenzierung

Im Vergleich zur Kostenführerstrategie bietet die Differenzierung den Vorteil, schwerer kopierbar zu sein. Dabei läßt sich beispielsweise Qualität als solche

zwar relativ leicht kopieren. Aber es dauert oft lange Zeit, bis dies ins Bewußt-
sein der potentiellen Kunden dringt – und erst dann kann der Differenzierungsvorteil tatsächlich in Form höherer Preise realisiert werden.
Ein seit Jahrzehnten gewachsenes Image läßt sich eben nicht so einfach imitie-
ren, wie eine besonders rationelle Fertigung.

Bei qualitativ hochwertigen Markenprodukten mit einem "Luxus-Image" kann
im Idealfall sogar das (volkswirtschaftliche) Phänomen des "Snob-Appeal-Ef-
fektes" auftreten. Je höher der Preis, desto stärker die Nachfrage.
Produkte wie der Porsche 959 oder Uhren der obersten Preisklasse sind als
Beispiele für solche Entwicklungen anzuführen.

a. Die Marke

Eine der wichtigsten Chancen zur Abgrenzung gegen die Konkurrenzprodukte
ist der Markenname. Am Beispiel des weltweit wohl bekanntesten Markennamens läßt sich zeigen, daß ein Zusammenhang zwischen dem Bekanntheitsgrad der Marke und der Kursentwicklung der Aktie besteht. Der Kurs ver-
zehnfachte sich, während sich der Dow-Jones im gleichen Zeitraum nur knapp
verdoppelte. Und auch in den Jahren davor war die Kursentwicklung dieser
Aktie deutlich besser als der Index.

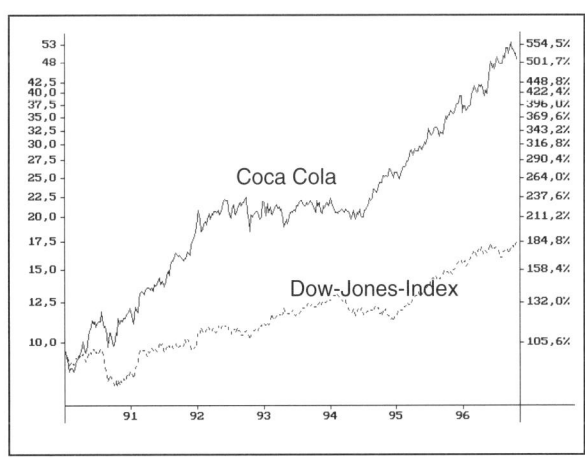

Abb. 38:

*Kursentwicklung bei
Coca-Cola*

91

Gleichzeitig ist ein bekannter Markenname einer der langlebigsten Wettbewerbsvorteile überhaupt. Dazu zwei Beispiele[57]:

Eine Umfrage unter Hausfrauen in den USA erbrachte 4.923 Nennungen von ihnen bekannten Marken. Nur 3 % der genannten Marken waren in den letzten 14 Jahren eingeführt worden. Dagegen waren 36 % älter als 75 Jahre, weitere 28 % älter als 50 Jahre (Dabei werden gerade neue Produkte besonders intensiv beworben!).
Eine andere Umfrage sollte den Bekanntheitsgrad von Mixern feststellen. Auf dem zweiten Platz landete General Electric - die seit 20 Jahren *keine* Mixer mehr herstellen.

Eine möglichst international bekannte und anerkannte Marke erlaubt oft einen höheren Preissetzungsspielraum. Der bekannte Markenname allein führt jedoch noch nicht zu einer Erweiterung des Preissetzungsspielraums. Und im Gegenteil – bestimmte Markennamen stehen für Billigprodukte, wie etwa "Orion" im Bereich der Unterhaltungselektronik.

Zum Tragen kommt der Vorteil eines Markennamens nur dann, wenn mit dieser Marke eine gewisse "Einzigartigkeit" verknüpft wird. Sehr oft sind das Qualitätsmerkmale: Langlebigkeit, guter Kundendienst[58], Belastbarkeit und andere Eigenschaften sind wichtige Entscheidungskriterien für den Verbraucher.

Der mit dem Markennamen verbundene Preissetzungsspielraum schlägt sich natürlich auch in einem materiellen Wert nieder. Diesen Wert versucht die Zeitschrift "Financial World" alljährlich anhand objektiver Kriterien (Umsatz, Erträge, Wachstumspotential) zu beziffern. Dazu einige Zahlen:

---

[57] Vgl. Aaker, "Management des Markenwertes"
[58] Der Absatz japanischer Autohersteller litt lange unter dem Image einer mangelhaften Versorgung mit Ersatzteilen.

Marke	Markenwert (in Mrd. $)[59]	Buchwert (in Mrd. $)[60]
Marlboro (Philip Morris)	39,5	13,2
Coca-Cola	33,4	4,6
Intel	17,8	6,3
Kellogg	9,7	1,8
Nescafé (Nestlé)	9,2	(n.v.)
Budweiser (Anheuser Busch)	8,2	5,1
Pepsi-Cola (Pepsico)	7,5	6,5
Gillette	7,1	1,7
Pampers (Procter & Gamble)	5,9	6
Bacardi (?)	5,5	(n.v.)

Tab. 8: Wert von Marken

Diese Tabelle macht eines deutlich:
Bei Herstellern von Markenartikeln ist der Buchwert relativ unwichtig – der Wert der Marken liegt regelmäßig deutlich über dem Buchwert. Die einzige Ausnahme – Procter & Gamble – verfügt noch über weitere etablierte Markennamen. Auch Pepsico stellt andere bekannte Markenprodukte her.
Aber: Die Bedeutung des Markenwertes ist teilweise rückläufig. Immer weniger Verbraucher sind bereit, für durchschnittliche Qualität mehr zu zahlen, nur weil es sich um ein Markenprodukt handelt. Was zählt, ist nicht mehr die Marke an sich, sondern die Einzigartigkeit des Produktes.

b. Image

Eng mit dem Markenbegriff ist das Image verbunden – dieses wird von den Herstellern oft auch gezielt beeinflußt, ("Der Geschmack von Freiheit und Abenteuer") und mit dem Markennamen verwoben.

---

[59] Laut Handelsblatt vom 8.9.1993
[60] Vgl. Value-Line, Part 1, Stand 3.9.1993

Daß nicht immer nur der Markenname selbst wichtig für die Kursentwicklung ist, sondern auch das Image eine große Rolle spielt, soll anhand eines Beispiels verdeutlicht werden:

Mit Motorrädern der Marke "Harley-Davidson" wurden – spätestens seit dem Kultfilm "Easy Rider" – Werte wie Unabhängigkeit und Abenteuer verbunden. Trotz des äußerst bekannten Markennamens hatte das Unternehmen jedoch längere Zeit mit einem wesentlichen Problem zu kämpfen:
Im Kundenkreis waren soziale Randgruppen stark vertreten. Den Produkten haftete ein "Rockerimage" an, das viele potentielle Kunden abschreckte. Durch verschiedene Maßnahmen, die bis zur Umgestaltung der Verkaufs-räume reichten, gelang es Harley-Davidson schließlich, dieses negative Image abzuschütteln. Inzwischen ist ein Motorrad der Marke "Harley-Davidson" ein Statussymbol.
Das Problem für den Hersteller ist – trotz Stückpreisen zwischen 14.000 und 52.000 Mark – nicht mehr der Absatz, sondern die Produktion, die "die Ver-tragshändler gnädig in mageren Quoten zugeteilt bekommen"[61].

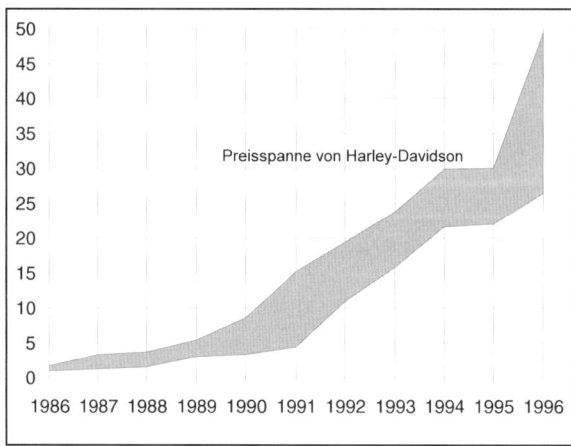

Abb. 39:

Kursentwicklung Harley-Davidson

Und wie der obige Chart zeigt, war es für den Anleger rentabel, den Wandel von Unternehmensstrategie und Image zu beachten.

---

[61] Zitat Wirtschaftswoche Heft 23/93 – ein Sachverhalt, an dem sich seit der 1. Aufl. dieses Buches wenig geändert hat

c. Qualitätsführerschaft

Oft eng mit dem Markennamen verknüpft ist die Qualitätsführerschaft. Vielen Unternehmen ist es gelungen, mit Hilfe dieser Strategie erfolgreich zu sein und den daraus resultierenden Preissetzungsspielraum zu nutzen.

Allerdings ist dieser begrenzt. Gerade bei Gütern, die absolut gesehen teuer sind, sinkt der Preissetzungsspielraum wieder.

So sollte eigentlich gerade bei langlebigen Konsumgütern der qualitative Aspekt entscheidend sein – überraschenderweise tritt aber vor allem bei solchen Gütern das Preisargument stärker in den Vordergrund. Bei Gütern des täglichen Bedarfs, wie etwa Lebensmitteln, ist Qualität weitaus entscheidender.

Ursache dafür dürfte sein, daß die meisten Verbraucher bei teuren Gütern – wie etwa Autos oder Waschmaschinen – aus finanziellen Gründen bereit sind, Abstriche in der Qualität hinzunehmen.

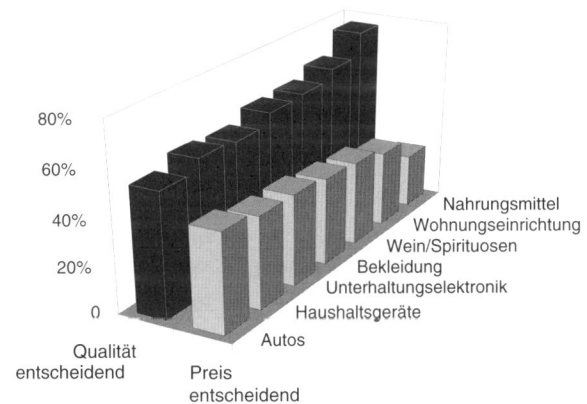

Abb. 40: Bedeutung von Preis und Qualität bei privaten Kaufentscheidungen[62]

Zusammenfassend läßt sich eine Polarisierung der Verbrauchsgewohnheiten feststellen. Der Trend geht zu Billigangeboten auf der einen Seite und zu "Premium"-Marken auf der anderen Seite. Markenartikler, die vorwiegend im mittleren Preisbereich tätig sind, drohen in die Zange genommen zu werden.

---

[62] vgl. Dichtl/Eggers,"Marke und Markenartikel als Instrumente des Wettbewerbs"

> Anlagetip:
>
> Beim Kauf von "Markenaktien" entweder Topmarken oder die Anbieter von
> sehr preiswerten Markenartikeln bevorzugen.

Letztendlich basieren fast alle Differenzierungsvorteile auf relativ wenigen
Varianten. Einige sollen hier angesprochen werden:

→ *Perfekter Service:*
  Der Erfolg von Caterpillar[63] basierte auf einem engmaschigen Händler-
  netz, einer hervorragenden Ersatzteileversorgung und der extremen Halt-
  barkeit der Produkte. Dies gewährleistete den Kunden geringstmögliche
  Ausfallzeiten, was angesichts eventuell drohender Vertragsstrafen ein
  wesentliches Kaufkriterium darstellte.
  Aktuelle Beispiele lassen sich in der EDV-Branche finden. Auch hier
  sind die Anwender oft bereit, für hohe Zuverlässigkeit und perfekten
  Service mehr zu bezahlen.

→ *Optimale Sicherheit:*
  Daimler Benz ist es gelungen, jahrzehntelang von diesem Differenzierungsvorteil zu profitieren. Die Fahrzeuge wurden den Kunden zugeteilt,
  Werbung war nicht nötig. Entsprechend konnte ein Anleger von 1974 bis
  1987 sein Geld mit Daimler-Aktien verzehnfachen, während sich der Gesamtmarkt in diesem Zeitraum lediglich verdreifachte.
  Am Beispiel dieses Autoherstellers ist es aber gleichzeitig möglich darzustellen, daß erfolgreiche Strategien von Konkurrenten kopiert werden
  können. Inzwischen wirbt nämlich fast jeder Autohersteller mit dem Argument "Sicherheit" – die "Einzigartigkeit" eines Mercedes wird damit
  untergraben.

→ *Design*
  Im HiFi-Bereich stützte die Firma Bang & Olufsen den Absatz praktisch
  ausschließlich auf ein außergewöhnliches Design. Die Folge: Trotz mangelnder Größe, relativ geringem Bekanntheitsgrad und dem harten Bran-

---

[63] vgl. Porter, "Wettbewerbsstrategie"

chenwettbewerb konnte sich das Unternehmen lange Zeit gut behaupten (allerdings wurden 1993 rote Zahlen geschrieben).

Wie bereits angesprochen, zahlt sich Qualitätsführerschaft bei sehr teuren Konsumgütern nicht immer aus. Wenn Produkte für die Mehrzahl der Abnehmer zu teuer werden, weichen sie auf billigere aus. Mit einer eher preisbetonten Strategie gelang es Komatsu, die monopolartige Stellung von Caterpillar bei schweren Baumaschinen zu "untergraben".

Anlagetip:

Vorsicht vor Unternehmen, die zwar versuchen, qualitativ optimale Produkte zu bieten, aber darüber den Preis vergessen.

---

d. Umstellungskosten beim Kunden schaffen

Umstellungskosten sind jene Aufwendungen, die entstehen, wenn ein vorhandenes Produkt durch ein neues ersetzt wird. Darunter sind nicht nur finanzielle, sondern auch immaterielle Kosten zu erfassen. Je höher die Umstellungskosten für den Kunden sind, desto eher wird er das alte Produkt weiter nutzen – selbst wenn bessere und billigere Produkte auf den Markt gelangen. Diese Strategie kann sowohl vor Substitutionsgütern, als auch vor Konkurrenzprodukten schützen.

Ein Risiko darf allerdings nicht aus den Augen gelassen werden:
Wenn der potentielle Kunde die hohen Umstellungskosten vorzeitig erkennt, wird er gar nicht erst kaufen, um sich einem Lieferanten nicht "auf Gedeih und Verderb" auszuliefern. Umstellungskosten sollten so aufgebaut sein, daß der Käufer sie erst spät entdeckt.

Als in dieser Hinsicht sehr erfolgreiche Branche ist die Softwareindustrie anzuführen. Ein Anwender, der sich über Monate hinweg mit einem Programm vertraut gemacht hat, wird kaum mehr zu einem anderen Programm wechseln. Diese Art der Umstellungskosten – bereits investierte Einarbeitungszeit – wird vom Anwender als normal akzeptiert. Doch auch hier verbirgt sich ein Risiko: Anbieter, die übertreiben und zu allen anderen Anwendungen inkompatible Programme herstellen, werden potentielle Kunden abschrecken.

Auch der Erfolg des Spielwarenherstellers LEGO ist primär auf Umstellungskosten zurückzuführen. Ein Bestand an – in vielen Familien vorhandenen – Legosteinen verhindert, daß andere Baustein-Systeme erworben werden.

Mit der Strategie "Umstellungskosten schaffen" verwandt ist der Ersatzteilbereich.

Hier hat sich Black & Decker mit einer Vielfalt von Elektrowerkzeugen erfolgreich monopolartige Nischen für Verschleißteile verschafft – vermutlich erbringt ein Satz Sägeblätter für den "Alligator" höhere Erträge als die Maschine selbst. Anders als etwa bei Bohrern findet hier kein Preiskampf mehr statt – hervorragende Gewinnspannen sind die Folge.

Ähnlich, aber erfolgreicher, ist die Stragie von Gillette: relativ billige Naßrasierer – aber hohe Gewinnspannen bei den Ersatzklingen.

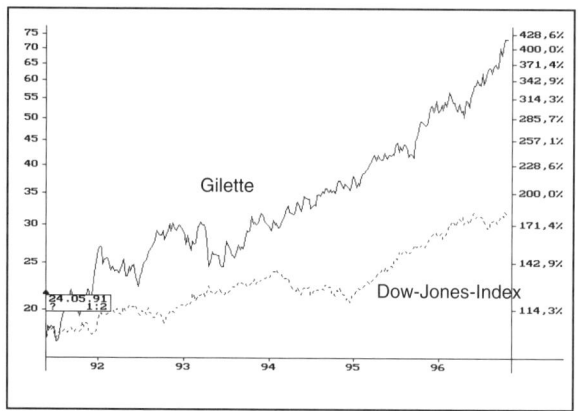

Abb. 41:

Kursentwicklung "Gilette"

4. Nischenstrategien

Der Kernpunkt von Nischenstrategien ist die Konzentration auf ein eng begrenztes Marktsegment, in dem die Wettbewerbsintensität geringer ist als auf dem Gesamtmarkt. Dadurch kann ein – absolut gesehen – kleines Unternehmen einen sehr hohen Marktanteil erzielen, was wiederum die Voraussetzung für die Anwendung von Kostenführerstrategien ist.

Gleichzeitig ist eine bereits besetzte Marktnische für potentielle Konkurrenten wenig attraktiv. Obwohl hohe Umsatzrenditen anziehend wirken, wird das begrenzte Absatzvolumen neue Wettbewerber eher abschrecken.

Daß eine Nischenstrategie auch auf hart umkämpften Märkten aussichtsreich sein kann, zeigte sich am Beispiel der US-Fluggesellschaften.

Während die gesamte Branche Anfang der 90er Jahre zwischen tiefroten Zahlen und Umsatzrenditen von 2 % hin und her schlingerte, konnten Regionalfluggesellschaften wie "Atlantic Southeast" Netto-Umsatzrenditen von ca. 16 % einfliegen.

Dabei ist der Erfolg nicht allein auf die räumliche Beschränkung der Tätigkeit und die Konzentration auf Kurzstrecken zurückzuführen, sondern es wurde gleichzeitig eine Kostenführerstrategie verwirklicht. Das Unternehmen setzt Turboprop-Maschinen mit niedrigen Anschaffungskosten und günstigen Verbrauchswerten ein. (Inzwischen hat sich die Situation auch für die großen Fluggesellschaften wieder gebessert.)

Ein anderes Beispiel ist die Automobilindustrie: Chrysler erkannte frühzeitig den Bedarf nach Großraumlimousinen und konnte mit dem Voyager hohe Gewinnspannen realisieren. In diesem Fall führten die hohen Ertragsaussichten allerdings zu Markteintritten fast aller Konkurrenten – die meisten Autohersteller haben ihre Modellpalette entsprechend erweitert.

Anlagetip:
Bei Aktienengagements in umkämpften Märkten vorwiegend Nischenanbieter bevorzugen.

IV. Wettbewerbsvorteile erkennen

Ein Aktienkäufer kann keine Wettbewerbsvorteile *erschaffen* – er kann aber (und sollte auch) nur Aktien von Unternehmen kaufen, die über Wettbewerbsvorteile verfügen.

Einige der Wettbewerbsvorteile sind offensichtlich, wie etwa Marke, Image etc. Selbst in diesen Fällen muß jedoch oft überlegt werden, wer tatsächlich über Wettbewerbsvorteile verfügt. Denn auf vielen Märkten (Autos, Kameras, Unterhaltungselektronik usw.) konkurrieren fast nur bekannte Markenprodukte um die Gunst der Abnehmer.

Der Anleger muß sich also etwas intensiver mit den Unternehmen und deren Produkten befassen.

1. Die Produktpalette

Wie bereits mehrfach erwähnt:
Ein Unternehmen wird nur dann erfolgreich sein, wenn seine Produkte ein besseres Preis-Leistungs-Verhältnis bieten als die der Konkurrenten.

Ob ein Produkt gut ist, kann ein Anleger meistens entweder selbst abschätzen oder zumindest jemanden fragen, der das nötige Urteilsvermögen mitbringt – wobei mehrere Meinungen eine entsprechend zuverlässigere Aussage gestatten.

Bei fast allen Konsumgütern läßt sich die Preiswürdigkeit durch einen Vergleich (hinsichtlich des Preises, der Qualität und der Ausstattung) mit den Konkurrenzprodukten leicht feststellen.

Wer sich anläßlich eigener Kaufabsichten sorgfältig mit einem Vergleich von Mittelklassefahrzeugen beschäftigt hat, kann – eine objektive Beurteilung vorausgesetzt – oft voraussagen, welcher Typ sich in Zukunft besser verkaufen wird und welcher nur schleppend.

Im Zweifel hilft auch das Studium von Testberichten in der Fachpresse. Ein Gerät, das sich mit dem Siegel "Testsieger" oder "Preis-Leistungs-Verhältnis: "sehr gut" schmücken kann, wird sich besser verkaufen lassen, als eines, dessen "katastrophale Verarbeitungsqualität" schamhaft verschwiegen wird.

Anlagetip:

Keine Aktien von Unternehmen kaufen, deren Produkte allgemein für zu schlecht oder zu teuer gehalten werden.

Aber auch Investitionsgüter lassen sich auf diese Art beurteilen.

Sicher ist es dem Durchschnittsanleger nicht möglich, die Qualität einer CNC-Fräsmaschine einzuschätzen. Wer indessen jemanden kennt, der gerade eine solche Maschine gekauft hat oder kaufen will, erhält wertvolle Hinweise darüber, welche Produkte gut sind. Die Antwort auf die kurze Frage an einen Firmeninhaber, ob die Gabelstapler von X, die Fräsmaschinen von Y oder die Bagger von Z gut sind, ist viel wichtiger als die Lektüre von Unternehmensmeldungen.

Und wer von zwei Fachleuten die Auskunft "um Gottes Willen – die sind viel zu teuer!" erhalten hat, sollte sich ein Engagement in der entsprechenden Aktie nochmals überlegen.

Anlagetip:

(Potentielle) Kunden des Unternehmens vor dem Aktienkauf nach dem Preis-Leistungs-Verhältnis der Produkte fragen.

---

2. Kundendienst und Service

Selbst ein Unternehmen, das sehr gute und preiswerte Produkte herstellt, kann durch schlechten Kundendienst oder mangelhaften Service diesen Vorteil wieder zunichte machen.

Wer nach einem Defekt endlos auf die Reperatur warten muß und womöglich noch als lästiger Bittsteller behandelt wird, ist zu recht verärgert. Er ist nicht nur als Kunde für das eine Produkt verloren, sondern wird oft die gesamte Produktpalette meiden.

Anlagetip:

Keine Aktien von Unternehmen mit bekannt schlechtem Service kaufen.

---

3. Öffentlichkeitsarbeit

➡ *Gute Werbung* ist einer der Schlüssel zum Erfolg. Wer viel und schlecht wirbt, erzeugt zwar hohe Kosten für die Werbung, aber keine Umsatzsteigerung. Damit sinkt die Rentabilität.

Ein Unternehmen, dessen Werbung ansprechend, unterhaltsam und dabei informativ ist, wird eher erfolgreich sein. Der Vorteil des Indikators "gute Werbung" ist: sehr früh erkennbar, lange bevor "offizielle" Gewinnschätzungen bekannt werden.

Gefährlich dagegen ist es, wenn Werbung an der Zielgruppe vorbeigeht – hierzu ein Beispiel:

Daimler Benz hatte im Versuch, ein optimales Auto zu konstruieren, Ende 1991 mit der S-Klasse ein "übersicheres" Fahrzeug auf den Markt gebracht. Die Kritik in der Öffentlichkeit (zu schwer, zu groß, zu teuer, zu hoher Benzinverbrauch) veranlaßte Daimler, in der Werbung Aspekte wie "Umweltverträglichkeit" zu betonen, anstatt auf die eigentlichen Vorzüge der S-Klasse einzugehen[64].

Damit ging die Werbung an den potentiellen Kunden – die Wert auf Sicherheit und Top-Qualität legen – vorbei (die Verwendung von Recycling-Pappe für das Handschuhfach mag zwar umweltbewußt sein, ist aber nicht unbedingt ein Argument für den Kauf eines 100.000-DM-Autos).

In der Folge konnte der Hauptkonkurrent BMW an der Börse überholen.

---

[64] Daimler mußte hier tatsächlich etwas unternehmen. Aber anstatt in ganzseitigen Anzeigen die Verwendung von Reycling-Material zu betonen, wäre es auch möglich gewesen, auf andere Umweltaspekte, wie etwa hohe Qualität oder lange Lebensdauer einzugehen.

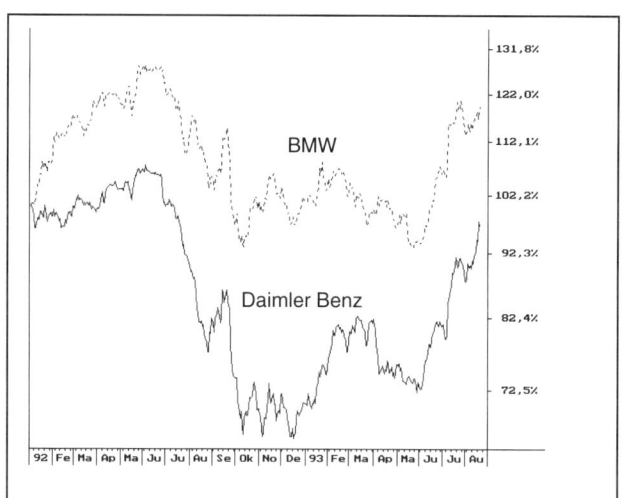

Abb. 42:

*Falsche Werbung
bei Daimler Benz*

➡ Ein deutliches Warnsignal ist der *Ruf nach Protektionismus.* Der Verfasser interpretiert dies aus eigener Börsenerfahrung gern als Anzeichen dafür, daß ein Unternehmen die eigenen Produkte für nicht mehr wettbewerbsfähig hält.

So lieferte der niederländische Kopiererhersteller Oce van-der-Grinten Anfang 1992 durch ein entsprechendes Statement ein zuverlässiges Verkaufssignal, lange bevor ein Gewinnrückgang prognostiziert wurde.
Ein Unternehmen, das steigende Gewinne erwartet, wird sich nicht über die Konkurrenz beklagen.

Abb. 43:

Verkaufssignal bei Oce v.d. Grinten

Anlagetip:

Vorsicht bei Aktien von Unternehmen, die über den "bösen" Wettbewerb und die "ach so unfairen Vorteile der anderen" klagen.

---

4. Geschäftsberichte

Geschäftsberichte bieten vor allem zwischen den Zeilen Informationen, die viel über das Unternehmen, die Einstellung der Geschäftsführung zu den Kunden und Mitarbeitern, sowie die Fähigkeiten des Managements aussagen. Auch hier gilt: Es gibt keine allgemeingültigen Regeln – es empfiehlt sich, den Kopf anstelle des Taschenrechners zu gebrauchen, und daher sollen nur einige Bereiche kurz angesprochen werden.

→ Geschäftstätigkeit und Marktposition

In fast jedem Geschäftsbericht lassen sich Informationen zu neuen Produkten und Tätigkeitsfeldern, technologischen Entwicklungen oder auch einer geplanten Aufgabe von Unternehmensbereichen finden.

Kein Unternehmen wird sich die Chance entgehen lassen, die eigene Marktposition herauszustellen – falls diese günstig ist. Allerdings ist auch hier etwas Vorsicht geboten: Die Entscheidungsträger neigen oft dazu, das eigene Unternehmen etwas zu gut darzustellen.

▶ Produkte

Viele Unternehmen können davon ausgehen, daß sowohl vorhandene, als auch potentielle Kunden gleichzeitig Aktionäre sind. Es ist dem Verfasser unverständlich, daß nicht alle Geschäftsberichte zugleich als Werbeträger genutzt werden. Dies braucht nicht in einen regelrechten Prospekt auszuarten, doch ein Hinweis auf neue und verbesserte Produkte dürfte nicht fehlen.[65]
Ein Beispiel für intelligentes Marketing via Geschäftsbericht:
Das US-Unternehmen "Rayonier Timberland" (Holz, Papier) druckte den Geschäftsbericht auf verschiedene hochwertige Papiersorten – auch ein Hinweis auf die Bezeichnungen dieser Papiere fehlte nicht.

▶ Unternehmensziele

Nachdem fast jeder Manager einer AG zumindest ein Buch über strategische Unternehmensplanung gelesen hat, werden sich auch in fast jedem Geschäftsbericht Schlagworte wie "Lean Production", "Kostenführerschaft" und "globale Integration" finden.
Die für den Aktionär entscheidende Frage ist: Können diese Ziele auch erreicht werden?
Wenn ein durch und durch bürokratisch organisiertes Unternehmen von "Lean-Management" spricht, ist die Aussage wohl kaum das Papier wert, auf dem sie steht!
Gleichzeitig wecken solche Aussagen Hoffnungen – und Hoffnungen führen tendenziell zu einer Überbewertung der Aktie. Überbewertete Aktien aber haben die unangenehme Eigenschaft, im Kurs nach unten zu tendieren.

---

[65]Ein Positivbeispiel ist der Geschäftsbericht 1992 des Fenster- und Türenherstellers WERU, ein Negativbeispiel der Geschäftsbericht 1991 des Maschinenbauers MAHO.

➤ Einstellung zu den Mitarbeitern

Zum guten Ton eines Geschäftsberichts gehören – neben der Danksagung –
selbstverständlich auch einige Fotos von Mitarbeitern aus allen Hierarchie-
stufen. Schließlich sind motivierte Mitarbeiter eine der wichtigsten Unter-
nehmensressourcen.
Eine objektive Beurteilung ist dabei nicht möglich. Der Anleger sollte sich auf
sein Gefühl verlassen.
Ein ungewöhnliches Positivbeispiel möchte der Verfasser trotzdem erwähnen:
Harley Davidson bedankte sich im Geschäftsbericht 1992 bei *allen 5.800
namentlich genannten Mitarbeitern* – vermutlich motivierender als die übliche
Danksagungsfloskel!

➤ Treffsicherheit von Prognosen

Üblicherweise gibt das Management einen Ausblick auf die zukünftige
Geschäftsentwicklung. Anhand der alten Geschäftsberichte läßt sich die Treffsicherheit von Prognosen erkennen. Stellen sich in einer rückblickenden Betrachtung die Prognosen der Vergangenheit eher als Wunschdenken heraus,
dann sollte sich der Anleger anderen Aktien zuwenden.
Vorsicht ist ganz besonders dann geboten, wenn das Management alljährlich
verspricht, die mangelnde Rentabilität umgehend zu verbessern, wie dies bei
Philips Anfang der 90er Jahre immer wieder der Fall war.

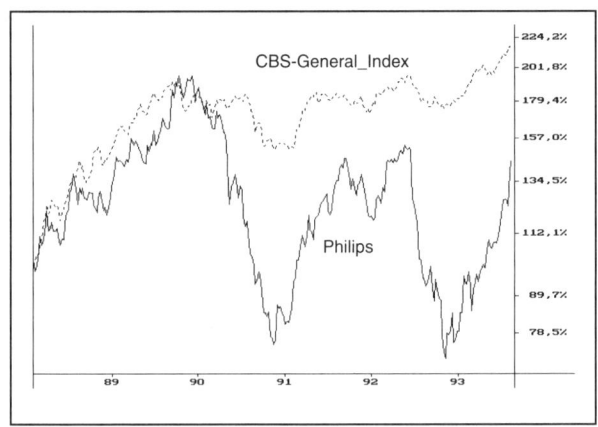

Abb. 44:

*Hoffnungen
bei Philips*

In obigem Kursbild läßt sich dies sehr schön erkennen: unerwartet schlechte Zahlen, daraus resultierende Kursschwäche, Versprechungen des Managements auf Besserung, folgende Kurserholung. Danach wieder schlechte Zahlen mit Kurseinbruch, wieder Versprechungen des Managements und darauf folgender Kursanstieg.

5. Umsatzrendite als Merkmal

Am Anfang der Überlegung "Kaufen oder nicht kaufen?", kann die Vermutung stehen, das Unternehmen XY habe Wettbewerbsvorteile, da es größenbedingt billiger produzieren kann, die Produkte ein hervorragendes Image besitzen oder den Abnehmern die Preise egal sind.

Anhand der Umsatzrendite lassen sich solche Einschätzungen sehr leicht nachprüfen – zumindest wenn die Situation im Vergleich zur Vergangenheit weitgehend unverändert ist.

Wenn das Unternehmen vorhandene oder vermutete Wettbewerbsvorteile tatsächlich nutzt, dann muß auch die Umsatzrendite höher liegen als bei den Konkurrenten! Ist dies nicht der Fall, so gehen die Wettbewerbsvorteile an anderen Stellen verloren. Die Ursachen dafür können in vielen Bereichen liegen: vom bürokratischen Wasserkopf bis zu veralteten Produktionsverfahren.

Anlagetip:

Liegt die Umsatzrendite eines Unternehmens unter dem Branchendurchschnitt, bestehen entweder keine Wettbewerbsvorteile oder diese werden nicht genutzt.

V. Managementqualität

Anfang 1992 beurteilten zehn Unternehmensberatungen die Qualität des Managements von 100 deutschen Unternehmen.[66]

---

[66] Vgl. Mananger-Magazin 2/92

Wie sich ein Depot, zusammengesetzt aus den Aktien von Unternehmen mit schlechter Managementqualität[67], entwickelt hätte, zeigt der folgende Chart im Vergleich zum FAZ-Index:

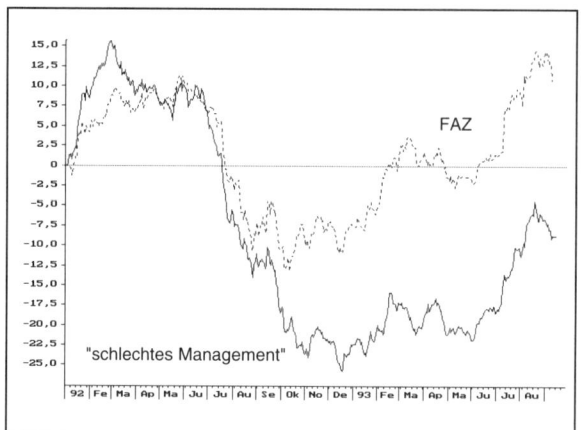

Abb. 45:

Unternehmen mit schlechtem Management

Obwohl die Stichprobe dieser Untersuchung sehr klein ist, scheint es sich doch zu lohnen, Informationen zur Managementqualität in Anlageentscheidungen mit einzubeziehen.

VI. Unternehmen und Ethik

Aus dem angelsächsischen Raum kommend, gewinnt der Gedanke, bei Anlageentscheidungen Aspekte wie Ethik und Umweltschutz zu berücksichtigen, auch in Europa zunehmend mehr Anhänger.
Der Verfasser steht dieser Modeerscheinung z.T. skeptisch gegenüber.
Warum?
Zum einen ist ethisches Verhalten nicht meßbar[68]. Zum anderen verlangt der Zwang zur Gewinnmaximierung, dem jedes Unternehmen ausgesetzt ist, in

---

[67] Für die "Schlußlichter" wurde ein fiktives Musterdepot angelegt - d.h. zu den Kursen vom 2.1.1992 wurden gleiche Beträge in die jeweiligen Aktien investiert. Dabei konnten allerdings nur sieben von 15 Unternehmen berücksichtigt werden, da die übrigen nicht börsennotiert sind.

[68] Daher werden in Deutschland auch keine Ethik-Investmentfonds zum öffentlichen Vertrieb zugelassen.

erster Linie ökonomisch orientierte Entscheidungen – *ausschließlich* ethisches Verhalten ist dabei nicht gleichzeitig möglich.

Allerdings ist ethisches Verhalten eines Unternehmens die Grundvoraussetzung für wirtschaftlichen Erfolg. Dabei ist umweltschädigendes Verhalten lediglich eine – leicht erkennbare – Spielart unethischen Verhaltens. Ein Unternehmen, das sich ethischen Verpflichtungen nicht unterwirft, wird allenfalls kurzfristig erfolgreich sein. Langfristig dagegen zahlt sich dies nicht aus.

Unethisches (oder von der Öffentlichkeit als unethisch beurteiltes) Verhalten kann zunächst den Markennamen schädigen.
Das wohl bekannteste Beispiel dafür war der Versuch von Nestlé[69], den Absatz von Baby-Nahrung in der Dritten Welt auszuweiten. Obwohl das Unternehmen sich angesichts des Boykotts den Forderungen der Kritiker beugen mußte, blieben Imageschäden und Umsatzverluste längere Zeit die Folge.
Ein weiteres Beispiel aus jüngerer Zeit: Die geplante Versenkung der Ölplattform "Brent-Spar" führte zu einem Boykott von Shell-Tankstellen.

Aus unethischem Verhalten, speziell im Bereich "Umwelt" können negative Synergieeffekte zwischen Teilbereichen eines Unternehmens resultieren.
Beispiel: der Medikamentenabsatz einiger Chemiefirmen: Von der Öffentlichkeit als Umweltverschmutzer betrachtete Chemiefirmen leiden unter einem teilweisen Boykott ihrer Medikamente (das Wortspiel "Hoechst gefährlich" dürfte allgemein bekannt sein und ist sicher nicht die Art Werbung, die ein Pharmahersteller schätzt).
Zweifellos wird auch der eine oder andere Verbraucher gezielt auf Videokassetten von BASF verzichten, um Chemiefirmen nicht zu unterstützen. Und auch der engagierte Atomkraftgegner wird seinen Kühlschrank nicht ausgerechnet bei Siemens kaufen wollen.

Anlagetip:

Aktien von Konsumgüterherstellern, die gleichzeitig "zweifelhafte" Produkte anbieten, sollten gemieden werden.

---

[69] Ausführlich zu Nestlé: Lehrstuhl für Unternehmensführung (Universität Nürnberg) Diskussionsbeiträge, Heft 35

Aber auch andere Auswirkungen von unethischem Verhalten sind möglich. So werden umweltschädigende Produkte zunehmend vom Verbraucher boykottiert oder sind nur noch mit Preiszugeständnissen verkäuflich (Beispiele: PVC, Pestizide für den Hobbygärtner usw.).

Daneben drohen auch Schadenersatzforderungen (Prozesse wegen Gesundheitsschäden durch Holzschutzmittel!) und Produktionsverbote.

> Anlagetip:
>
> Aktien meiden, wenn wesentliche Teile der Produktpalette umweltschädigend sind.

Und nicht zuletzt wirkt ein negatives Ansehen des Unternehmens in der Öffentlichkeit demotivierend auf dessen Mitarbeiter.

> Anlagetip:
>
> Allgemein gilt: Unternehmen mit unethischem Verhalten meiden.

Dieser Anlagetip ist nicht nur für den langfristigen Investor von Bedeutung. Bei Unglücksfällen wird der Aktienkurs sofort nach unten reagieren.

Dies war bei Sandoz (nachdem größere Mengen umweltschädlicher Substanzen in den Rhein geflossen waren) ebenso der Fall wie bei Union Carbide (Bhopal).

Damit beinhalten Aktien von Unternehmen mit potentiell umweltgefährdender Produktion ein *zusätzliches* Risikoelement, das bei anderen Werten nicht vorkommt.

Es ist aber nicht nur so, daß sich unethisches Verhalten nicht auszahlt – ein bewußt ethisches Vorgehen kann sich durchaus in überdurchschnittlichen Erträgen niederschlagen.

So läßt sich Fleisch aus artgerechter Tierhaltung ebenso zu höheren Preisen verkaufen, wie "biologisch" angebaute Lebensmittel.

Vor allem Innovation zahlt sich in diesem Bereich aus:
Der erste FCKW-freie Kühlschrank erhielt enorme Publizität – eine unbezahlbare Gratiswerbung (auch wenn dieser Vorteil vom entsprechenden Unternehmen nicht genutzt wurde).

Daß ein ethisches – speziell umweltfreundliches – Produktionsverhalten nicht unökonomisch sein muß, liegt auf der Hand. So können sich Kostenvorteile unter anderem aus rückläufigen Entsorgungungsgebühren, geringerem Materialverbrauch etc. ergeben.
Kostenvorteile, erweiterte Preissetzungsspielräume sowie Imagegewinne als Folge ethischen Verhaltens steigern damit die Wettbewerbsfähigkeit der betreffenden Unternehmen.

VII. Musterportfolios

Unternehmen mit Wettbewerbsvorteilen sind langfristig aussichtsreicher als Konkurrenten ohne diese Vorteile.
Allerdings empfiehlt sich auch hier eine Risikostreuung, da sich Wettbewerbsvorteile im Laufe der Zeit verändern können.

Einige Beispiele sollen dies zeigen:

→ In Phasen konjunktureller Abschwächung legen die Käufer vielleicht mehr Wert auf den Preis als auf die Qualität.

→ Unternehmen, die von einem Länderimage profitieren, treten auf einer ähnlichen Basis in Konkurrenz zu Markenartikel-Herstellern.

→ No-Name-Produkte, hergestellt von Kostenführern, können Markenwaren verdrängen. Von besonderer Bedeutung sind hier die Eigenmarken des Handels.

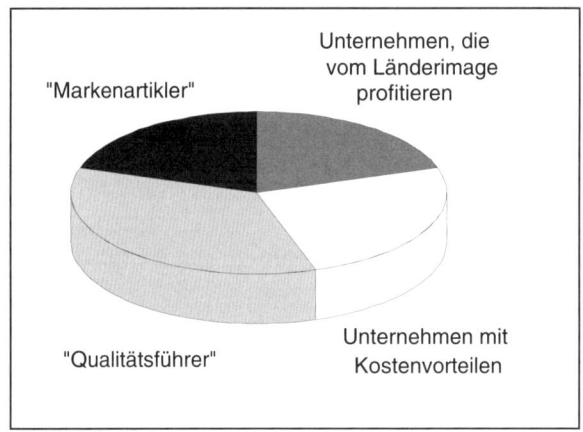

"Markenartikler"

Unternehmen, die
vom Länderimage
profitieren

"Qualitätsführer"

Unternehmen mit
Kostenvorteilen

Abb. 46:

*Musterportfolio
"Wettbewerb"*

Den idealen Wettbewerbsvorteil gibt es nicht – obiges Musterportfolio trägt
dieser Tatsache Rechnung.

4. Kapitel:

Produktlebenszyklus:
Die Basis für Gewinnwachstum

I. Marktentwicklung und Produktlebenszyklus

Von kurzfristigen Schwankungen und vorübergehenden Euphoriephasen abgesehen, steigt eine Aktie grundsätzlich nur in einem einzigen Fall: wenn die
Gewinne steigen. Und eine Aktie "läuft" nur dann besser als der Gesamtmarkt,
wenn die Gewinne des betreffenden Unternehmens überdurchschnittlich
steigen.

Eine gängige "Krücke", um Wachstumswerte zu finden, ist die Ermittlung der
Gewinnsteigerungsraten. Diese erfolgt mangels fundierter Gewinnschätzungen
oft auf der Basis von Vergangenheitszahlen, gelegentlich auch anhand der
Gewinnschätzungen für die nächsten Jahre (schade, daß gerade langfristige
Gewinnschätzungen oft auf einer Fortschreibung von Vergangenheitsdaten
beruhen!). Völlig versagen muß dieses Verfahren jedoch bei Aktien, die noch
Anlaufverluste erleiden.

Eine andere Möglichkeit, die Wachstumswerte von morgen zu ermitteln,
orientiert sich am "Reifegrad" der Produkte und an der aktuellen Marktsituation. Diese zwei Faktoren wirken auf die Ertragslage eines Unternehmens ein
und beeinflussen damit auch die Entwicklung der jeweiligen Aktienkurse. Präzise Aussagen wie "erwartete durchschnittliche Gewinnsteigerung der
nächsten fünf Jahre: 15,6 %" sind dabei jedoch nicht möglich.

Zunächst zeigt die folgende Grafik den typischen Lebenszyklus eines Produktes:

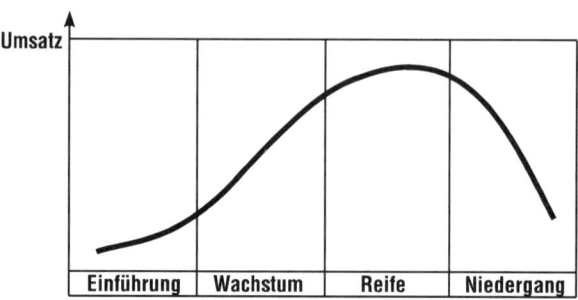

Abb. 47: Produktlebenszyklus

Sehr ähnlich verläuft auch die Entwicklung der jeweiligen Märkte, wie aus der untenstehenden Abbildung ersichtlich ist[70].

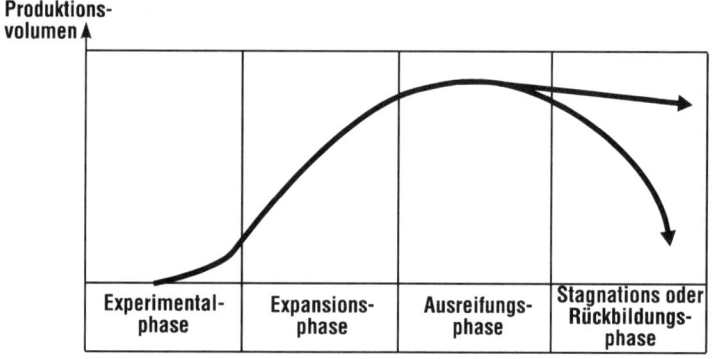

Abb. 48: Marktlebenszyklus

---

[70] Die Unterschiede zwischen diesen beiden Theorien sind eher marginal. Die Theorie zum Produktlebenszyklus setzt mit der Markteinführung ein, während die Theorie zum Marktlebenszyklus auch die Zeitspanne davor berücksichtigt.

Angesichts einer immer dynamischer ablaufenden technologischen und wirtschaftlichen Entwicklung müssen diese Faktoren bei der Aktienanlage beachtet werden.

In der Autoindustrie wird Stahl zunehmend durch Kunststoffe und Aluminium ersetzt. Dagegen trägt die früher fast bedeutungslose Elektronik (Kostenanteil 1970: 8 %) inzwischen mit 24 % zu den Kosten eines Autos bei und wird in zehn Jahren fast ein Drittel ausmachen[71].

1. Experimentalphase

Neue Produkte müssen nicht nur erfunden werden, sondern es ist darüber hinaus auch entsprechende Pionierarbeit hinsichtlich der Fertigungsverfahren und der Markterschließung zu leisten.

In dieser Phase sind die wichtigsten Erfolgsparameter der unternehmerischen Tätigkeit noch nicht bekannt.

Zu Kosten und möglichen Gewinnen liegen genausowenig Anhaltspunkte vor, wie zum Absatzpotential; z.T. besteht sogar noch Unsicherheit, ob sich das geplante Produkt überhaupt fertigen läßt, z.B. weil dafür noch zusätzliche Erfindungen nötig wären.

Ein Markt, und damit eine Nachfrage, bildet sich erst gegen Ende der Experimentalphase heraus, d.h. wenn das Produkt schließlich erfolgreich ist, und in die Expansionsphase eintritt.

Nur wenige Unternehmen befinden sich in der Experimentalphase; die wenigsten darunter sind börsennotiert.

Die "zugehörigen" Aktien sind hochspekulativ. Vor 15 Jahren waren Intel und Microsoft solche Pioniere. Geht man gut 100 Jahre zurück, so trifft man auf Firmen wie Daimler, Siemens (Auch Elektrizität war ´mal neu!) oder BASF, Bayer und Hoechst (Kunstdünger, Farben!)

---

[71] Vgl. Wirtschaftswoche 31/93

> **Anlagetip:**
> Für spekulative Depots Aktien von erfolgversprechenden Pionier-Unternehmen kaufen – im Zweifel anstelle von Optionen.
> Und im Erfolgsfall: Gewinne laufen lassen!!!

Nochmals: Kein Depot sollte *nur* solche Werte beinhalten. Doch aufgrund des enormen Potentials, das diesen Aktien innewohnt, empfiehlt sich zumindest die Überlegung, Aktien von Pionierunternehmen als langlaufende Optionen zu betrachten und entsprechend zu gewichten.

Die Aktienauswahl verursacht jedoch etwas "Kopfzerbrechen":

→ Welche Branchen befinden sich noch in der Experimenalphase?

→ Welche Aktien sollte man kaufen?

Als Branchen in der Experimentalphase wären heute unter anderem folgende einzustufen:

→ Spracherkennungssysteme
→ Biosensoren[72]
→ virtuelle Welten[73]
→ einige Bereiche der Gentechnologie
→ Optoelektronik[74]
→ Anwendung von Fulleren[75]
→ Photovoltaik[76]
→ Supraleiter[77]
etc., etc.

---

[72] Dabei handelt es sich um spezifische biochemische "Indikatoren", die geeignet sind, allerkleinste Mengen chemischer Stoffe präzise nachzuweisen. Die Anwendungspalette reicht vom Umweltschutz bis zur Sicherheitstechnik (Nachweis von Plastiksprengstoff).
[73] Durch Computer simulierte dreidimensionale Welten.
[74] Vgl. Business-Week vom 10.5.1993, "The Light Fantastics"
[75] Kugelförmige Kohlenstoffmoleküle, die breite Einsatzgebiete erwarten lassen.
[76] Direkte Umwandlung von Sonnenlicht in Strom.
[77] Elektrische Leiter, die bei niedrigen Temperaturen Strom ohne Verluste transportieren können.

116

Weitere Anregungen liefern viele überregionale Zeitungen und Zeitschriften unter Rubriken wie: "Aus Forschung und Technik".
Auch Fachzeitschriften der verschiedensten Sparten weisen auf Neuentwicklungen hin. Dabei werden die Unternehmen oft sogar namentlich genannt.
Allerdings suchen viele Investoren nach entsprechenden Aktien, so daß diese oft sehr teuer sind:

Beispiel:
Im Sommer 1995 wurde Netscape, der führende Anbieter von Internet-Browsern an der Börse eingeführt.
Das starke Publikumsinteresse ließ den Kurs von 25 US-$ in kürzester Zeit auf über 80 US-$ ansteigen. Im Zusammanhang mit dem (bevorstehenden) Markteintritt von Microsoft halbierte sich der Kurs wieder.

Traditionelle Verfahren der Wertpapieranalyse sind bei diesen Aktien wertlos – aufgrund fehlender Einnahmen und laufender Ausgaben werden oft Verluste erwirtschaftet, und damit leiden diese Unternehmen auch unter rückläufigen Eigenmitteln. Überdies zieht jedes Pionierunternehmen, dessen Branche sich erfolgversprechend entwickelt, neue Wettbewerber an, so daß auch längerfristige Prognosen mit Vorsicht zu genießen sind.

Als einzig praktikable Beurteilungskriterien ergeben sich:

→   die Chancen auf (technische) Durchführbarkeit,
→   das Absatzpotential und
→   die Einschätzung, ob die Pionierstellung Vorteile bringt.

Für das oben genannte Beispiel "Internet-Browser" etwa, ist die Durchführbarkeit gesichert. Entsprechendes Marktpotential ist vorhanden. Hauptproblem ist der Markteintritt eines neuen Konkurrenten – Microsoft.

Anmerkung: Daneben gibt es natürlich auch das nicht technologieorientierte Pionierunternehmen, das neue Kundenbedürfnisse oder Marktnischen entdeckt und damit eher spezielle Problemlösungen auf der Basis bereits vorhandener Technologien anbietet (im Vertriebsbereich wurden z.B. Vobis und IKEA mit solchen Ideen erfolgreich).

Sehr problematisch dagegen sind unvollständige Meldungen zu neuen Produkten oder Technologien.

Die Mitteilung von Schneider (1992!), eine neue Technologie im Fernsehbereich entwickelt zu haben (Laser-Projektion) führte zunächst zu einer Kursexplosion. Als nähere Einzelheiten bekannt wurden, verflog die Euphorie. Der Prototyp kostete mehrere hunderttausend Mark, und nachdem Basistechnologien wie blaue Halbleiterlaser fehlten, war ein Kühlaggregat in Kleiderschrankgröße zum Betrieb notwendig.

Und auch inzwischen (Sept 1997!) sind keine Geräte verfügbar – der Höchstkurs von damals wurde nicht mehr merklich überschritten!

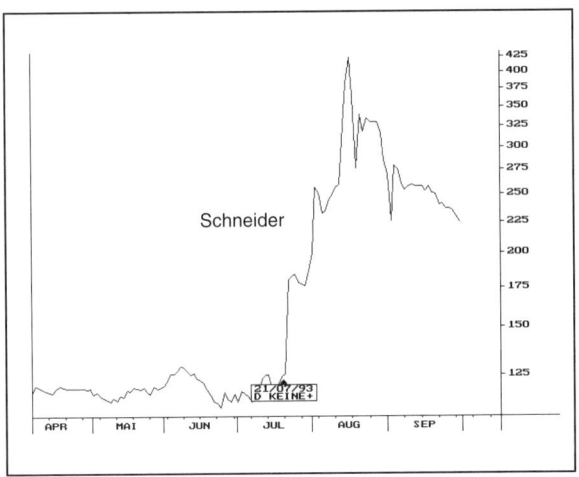

Abb. 49:

Schneider

Einige Gesichtspunkte bieten Hilfestellung bei der Auswahl entsprechender Aktien. Werden folgende Kriterien erfüllt, so sollten Aktien von Pionierunternehmen nicht gekauft werden:

→　bei anfangs nur geringen Umsätzen (verzögertes Marktwachstum), besonders dann, wenn die Preise stabil bleiben,

→　bei langsamen technischen Fortschritt und geringem Innovationstempo,

→　falls neue Konkurrenten Kostenvorteile besitzen oder eine starke Position in einem verwandten Markt innehaben,

→　wenn neue Konkurrenten Synergieeffekte nutzen können,

118

→ falls ein sehr hohes Anfangsrisiko besteht (hoher Forschungsaufwand, technische Durchführbarkeit nicht gesichert, verunsicherte Anwender, fehlende Basistechnologien),
→ sofern aus der Pionierstellung keine Imagevorteile resultieren,
→ bei mangelnder Patentierbarkeit.

Ganz besonders möchte der Verfasser jedoch vor einem Fehler warnen: die Pionierstellung eines Großunternehmens in einem chancenreichen, aber kleinen Teilbereich auf das gesamte Unternehmen zu übertragen.
Siemens mag zwar eine gute Position im Bereich Photovoltaik innehaben – bei einem Umsatzanteil, der sich allenfalls im Promillebereich bewegt, werden die Auswirkungen auf das Gesamtergebnis jedoch auf lange Sicht marginal bleiben. Und aus einem Stahlkonzern, der nebenbei etwas Umwelttechnologie betreibt, wird noch lange kein Wachstumswert.

Anlagetip:
Kleine, aussichtsreiche Geschäftsfelder in großen Unternehmen nicht über-bewerten!

---

2. Expansionsphase

Gekennzeichnet ist diese Entwicklungsstufe des Marktes durch eine starke Dynamik.
Der Regelfall ist eine steigende Nachfrage und die damit einhergehende Aus-weitung des Produktionsvolumens. Mit der höheren Produktion sinken gleich-zeitig die Kosten – einerseits ermöglicht die höhere Nachfrage den Übergang zur Massenfertigung, andererseits sinken die Kosten aufgrund von Erfah-rungskurven-Effekten.
Negativ ist, daß die Zahl der Wettbewerber vor allem zu Beginn der Expansi-onsphase steigt, da attraktive Gewinnaussichten und freie Marktanteile neue Konkurrenten anziehen. Der darauf folgende Auslesewettbewerb führt zu un-vorhersehbaren Ertragsschwankungen und macht damit auch die Aktienkurse volatiler.
Entsprechend üppig fallen bei solchen Branchen die Kursausschläge aus.

Der folgende Chart stellt als Beispiel den Nasdaq-Compter-Index (durchgezogene Linie) und den Standard&Poors-500-Index (gestrichelte Linie) gegenüber.

Die stärkeren Kursausschläge spiegeln das höhere Risiko junger Branchen, die sich im Wachstum befinden, wider. Die – trotz hoher Schwankungen – bessere Performance ist durch das hohe Marktwachstum und eine damit verbundene langfristig bessere Gewinnentwicklung zu erklären.

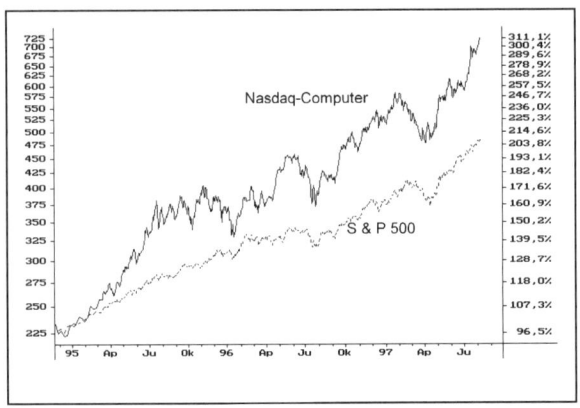

Abb. 50:

Nasdaq-Computer-Index
vs. S&P 500

Typisch für eine Branche, die sich in dieser Marktphase befindet, ist die Computer- und Softwareindustrie mit jährlichen Zuwachsraten im zweistelligen Bereich[78].

Gerade in dieser Branche fällt auf, daß der schnelle technische Fortschritt Unternehmen ebenso leicht erfolgreich werden läßt, wie er sie auch ins Abseits drängen kann. Beispiel: der Aufstieg und Niedergang von Atari. Mit der ST-Serie wurde 1986/87 ein hervorragender Computer auf den Markt gebracht – und die Weiterentwicklung "verschlafen", während PCs leistungsfähiger und komfortabler wurden. Heute existiert Atari nicht mehr!

Eine andere Wachstumsbranche liegt im Bereich alternativer Energien (so glänzt die Nutzung von Erdwärme bereits mit Umsatzrenditen von bis zu

---

[78] Teils (CD-Brenner, Internet ...) liegen die Wachstumsraten im 3-stelligen Bereich!.

65 %), obgleich einige Bereiche wohl noch der Experimentalphase zuzurechnen sind.

Für die Aktienauswahl gilt auch in dieser Phase der Marktentwicklung, daß die Vernachlässigung qualitativer Aspekte zugunsten der Kennzahlen ein Fehler ist.
Wer bei Microsoft 1986 zur Börseneinführung erkannte, daß dieses Unternehmen einen Standard bei Betriebssystemen setzt, konnte sein Geld bis heute immerhin verhundertfachen – obwohl diese Aktie auch damals schon hoch bewertet wurde. Und entscheidend für die weitere Kursentwicklung bei Microsoft wird sein, ob sich diese Position halten läßt – und nicht, ob das Kurs-Gewinn-Verhältnis bei 20 oder 30 liegt[79].

> **Anlagetip:**
>
> Im Rahmen einer langfristigen Anlagestrategie Aktien von Unternehmen, die sich in der Expansionsphase befinden, übergewichten. Das kurzfristig höhere Risiko sollte dabei in Kauf genommen werden!

Letztlich muß sich eine Anlageentscheidung in diesem Bereich sehr stark auf den gesunden Menschenverstand stützen. Die Lektüre von zehn Computerzeitschriften einschließlich der Testberichte (und der Preise!) bringt mehr, als 100 Analysen über Computerwerte zu lesen.

3. Ausreifungsphase

Die meisten Branchen befinden sich in der Ausreifungsphase. Vor allem die marktbreiten "Publikums-"Aktien sind mit weitaus überwiegender Mehrheit den reifen Branchen zuzuordnen.
Auto, Banken, Chemie, Handel, Nahrungsmittel, Versorger und Versicherungen sind Beispiele für Branchen, deren Märkte weitgehend erschlossen sind.

---

[79] In der ersten Auflage dieses Buches lautete der Satz "Und entscheidend für die weitere Kursentwicklung bei Microsoft wird sein, ob sich diese Position halten läßt – und nicht, ob das Kurs-Gewinn-Verhältnis bei 20 oder 30 liegt" genauso. Damals lag das KGV bei ca. 25 – etwas niedriger als heute – und Microsoft konnte den Kurs seitdem verdreifachen! (was ist eigentlich mit OS /2 passiert?)

Absatzsteigerungen sind fast nur noch auf Kosten der Konkurrenten möglich – auch wenn hier immer wieder mit Argumenten wie "eine Milliarde Chinesen brauchen Autos" gespielt wird (ein Blick auf das Einkommen eines Chinesen in Relation zu den Autopreisen zeigt das Absatzpotential).

Andererseits ist in der Ausreifungsphase vor allem der Preiswettbewerb meist wesentlich geringer als in der Wachstumsphase. Damit sind solche Branchen "ruhiger", die Gewinne bei stetigerer Gewinnentwicklung besser prognostizierbar und somit die Aktienkurse weniger volatil.
Aktien aus diesen Branchen sind prinzipiell eher für risikoscheue Anleger geeignet.
Keine Regel ohne Ausnahme: Wird in reifen Branchen um Marktanteile gekämpft oder verschieben sich die Wettbewerbskräfte, dann gehen meist die Gewinne aller Branchenteilnehmer zurück.

Anlagetip:

Reife Branchen sind zwar konservativer, bieten aber weniger Potential. In wachstumsorientierten Depots untergewichten.

---

4. Stagnation oder Rückbildung

Stagnation tritt ein, wenn der Produktionszuwachs hinter der gesamtwirtschaftlichen Entwicklung zurückbleibt, z.B. weil die Märkte weitgehend gesättigt sind. Ursache für die Schrumpfung von Branchen ist neben einer Änderung der Verbrauchsgewohnheiten meist das Aufkommen besserer oder billigerer Produkte (Substitutionseffekt).
Als Auslöser für eine rückläufige Nachfrage kommt auch in Betracht, daß wichtige Abnehmer ihre Produkte anders gestalten. Bei Autos führte der Zwang zur Gewichtseinsparung (geringerer Benzinverbrauch) und die Existenz neuer Werkstoffe zu einem deutlich geringeren Einsatz von Stahl.

Zusammenfassend läßt sich aus wettbewerbstheoretischer Sicht der Beginn der Stagnation meist durch das Aufkommen von Substitutionsprodukten erklären.

Auch in einer schrumpfenden Branche können Unternehmen erfolgreich sein. Unabdingbare Voraussetzung dafür ist jedoch, daß die Branchenkapazität den veränderten Nachfragebedingungen angepaßt wird. Ohne diesen Kapazitätsabbau kann kein Unternehmen erfolgreich sein.

Ob eine Konsolidierung der Branche eintreten wird, hängt von den Austrittsbarrieren der Wettbewerber ab. Je höher diese sind, desto unwahrscheinlicher wird eine Anpassung der Branchenkapazität an die Nachfragestrukturen.

Austrittsbarrieren	
Strategische Austrittsbarrieren	- Verlust von Kunden in anderen Geschäftsbereichen - Entfall von Synergieeffekten - gemeinsam mit anderen Unternehmensteilen genutzte Produktionsstätten oder Vertriebswege - vertikale Integration (würde Thyssen die Stahlproduktion einstellen, wäre auch der eigene Stahlhandel davon betroffen)
Wirtschaftliche Austrittsbarrieren	- Veräußerungsverluste - Abbruch- und Sanierungskosten (z.B. bei der chemischen Industrie)
Psychologische Austrittsbarrieren	- Hoffnung auf eine Wiederbelebung der Nachfrage
"Politische" Austrittsbarrieren	- Widerstand der Gewerkschaften - staatliche und internationale Regulierungen

Tab. 9: Austrittsbarrieren

Dabei kann eine Konzentration auf attraktive und dauerhafte Nischen (sogenannte "Nachfrageinseln") zum Erfolg führen. Beispielsweise liefert ein fortbestehender Bedarf nach Ersatzteilen oft eine langfristige "Restnachfrage" durch wenig preissensible Kunden.

Verschiedene Unternehmen haben die Strategie des Kapazitätsabbaus gezielt verfolgt, Produktionsanlagen der Konkurrenten aufgekauft, verschrottet und im Anschluß daran gute Erträge erzielt.[80]
Der Mehrzahl der Unternehmen gelingt dies aber nicht!

Anlagetip:

Bei der Langfristanlage: Finger weg, wenn mächtige Interessensverbände diese Branchen in voller Größe erhalten wollen!

Den Unternehmen ist natürlich bekannt, daß ihre Branche von den Anlegern nicht hoch geschätzt wird. Entsprechend unternehmen sie oft Anstrengungen, dieses negative Image, das gleichzeitig ein Hindernis für die Kapitalbeschaffung über die Börse darstellt, loszuwerden.

Daher verstecken Unternehmen wie Thyssen (Geschäftsbericht 1991/92) ihren Stahlanteil gern in anderen Geschäftsfeldern: Edelstahl, Recycling (=Schrottaufarbeitung), Investitionsgüter und Verarbeitung (=Gießerei und Preßteile), Handel (=Stahlhandel).

5. Fazit

Wichtige Parameter zu Chancen und Risiken von Aktien lassen sich aus dem Lebenszyklus einer Branche ableiten.

Ein starkes Wachstum von Umsätzen und Gewinnen ist fast immer nur dann möglich, wenn sich die Branche in der Expansions- oder Wachstumsphase befindet.

Wachstum in reifen Branchen dagegen ist nur noch auf Kosten der Konkurrenten möglich. Dieser Konkurrenzkampf findet sowohl auf dem Preissektor als auch auf dem Qualitätssektor statt. Folge ist eine rückläufige Rentabilität bei allen Wettbewerbern. Verschärft gilt diese Aussage für schrumpfende Branchen.

---

[80] Zu Handlungsalternativen für betroffene Unternehmen vgl. Harrigan, "Unternehmensstrategien für reife und rückläufige Märkte".

Die Auswirkungen einer Wettbewerbsverschärfung zeigen sich unter anderem in der Autoindustrie: Der harte Kampf japanischer Hersteller um Marktanteile in den USA und Europa hat entsprechende Folgen hinterlassen. Die Gewinne fast aller Autohersteller befinden sich auf dem Niveau der frühen achtziger Jahre, während in anderen Branchen die Gewinne durchschnittlich um 30 bis 50 % gesteigert werden konnten.

> Anlagetip:
> Wenn sich in einer reifen Branche der Kampf um Marktanteile verschärft, sollte man die entsprechenden Aktien untergewichten.

II. Die Anwendung von Portfoliostrategien auf Wertpapierdepots

1. Grundlagen:
Die Portfoliomatrix der Boston-Consulting-Group

Anfang der siebziger Jahre wurde von der Boston Consulting Group (BCG) ein Konzept zur Beurteilung diversifizierter Unternehmen entwickelt. Dadurch ist es relativ einfach, Geschäftsfelder nach ihren Zukunftsaussichten einzustufen.

Gemäß dieser Portfoliomatrix sind die künftigen Ertragsaussichten von Unternehmensbereichen lediglich von zwei leicht meßbaren Einflußgrößen abhängig:

→   vom Marktwachstum,

→   vom Marktanteil in Relation zum größten Konkurrenten (ein Marktanteil von 10 x bedeutet: zehnmal so groß wie der größte Konkurrent). Eine der wesentlichen Schlußfolgerungen ist: Die attraktiven Marktpositionen – "Star" und "Milchkuh" – sind für die größten Anbieter "reserviert".

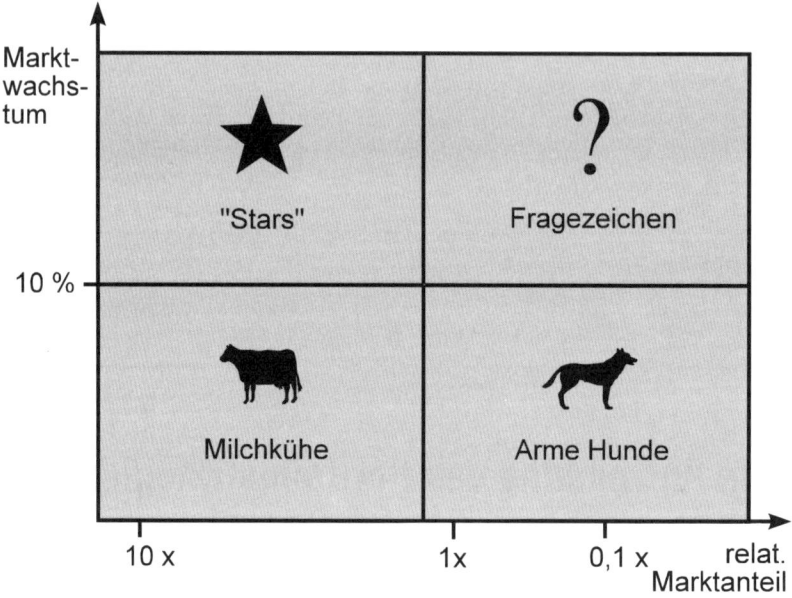

Abb. 51: Die BCG-Matrix

Obwohl das Konzept lediglich zur Beurteilung einzelner Geschäftsbereiche eines Unternehmens entwickelt wurde, hält der Verfasser die Anwendung auf ein Wertpapierportfolio aus dem folgenden Grund dennoch für angemessen: Letztendlich ist es egal, ob ein Unternehmen beschließt, seine Position im Bereich Chemie auszubauen, oder ob ein Anleger entscheidet, den Anteil von Chemieaktien aufzustocken. Wenn die Entscheidung für Chemie richtig war, werden beide Erträge erzielen.

Für den Anleger ist die Umsetzung dieser Strategien jedoch wesentlich einfacher, als für das entsprechende Unternehmen. Ein "armer Hund" muß jahrelange Anstrengungen unternehmen, um seine Position zu verbessern – ein Anleger kann mittels Kauf- bzw. Verkaufsauftrag binnen zehn Minuten zwischen "armem Hund" und "Star" wechseln.

Aber zunächst zu den einzelnen Feldern der Matrix:

➡️ *Stars*

Die günstigste aller Positionen. Ein hoher Marktanteil in schnell wachsenden Märkten ist die ideale Voraussetzung für hohe Erträge. Bei Märkten, die sich in der Wachstumsphase befinden, sind allerdings hohe Investitionen erforderlich, so daß Aktien von Unternehmen, die hier tätig sind, zwar sehr gut verdienen, in der Regel jedoch keine Dividenden ausschütten.

Solche "Star"-Unternehmen wären z.B. Intel (als der größte Anbieter von Mikroprozessoren), Microsoft (Betriebssysteme), Autocad (CAD-Software) oder Shimano (Fahrradteile).

Anlagetip:

Aktien von Stars verfügen über das beste Chance-Risiko-Verhältnis, am Maßstab KGV gemessen sind sie aber oft sehr hoch bewertet.

➡️ *Milchkühe*

Diese erwirtschaften in reifen Märkten infolge ihrer günstigen Wettbewerbsposition gute Erträge. Erweiterungsinvestitionen sind aufgrund des fehlenden Branchenwachstums kaum nötig – die Erträge sollten vorrangig der Finanzierung von Investitionen in neuen, wachstumsstarken Geschäftsfeldern dienen.

Merkmale der "Milchkühe" sind gute, über dem Branchendurchschnitt liegende Umsatzrenditen und großzügige Dividendenzahlungen. Energie- und Wasserversorgungsunternehmen befinden sich fast immer in dieser Marktposition und haben typischerweise nahezu 100 % Anteil am (regionalen) Markt.

Anlagetip:

Bei einer konservativen Anlagestrategie (vor allem im wirtschaftlichen Abschwung) übergewichten.

➡ *Fragezeichen*

Das Unternehmen ist in einem attraktiven Markt tätig. Der zu kleine Marktanteil läßt jedoch nur eine geringe Rentabilität zu. Damit bestehen zwei Möglichkeiten: investieren, und damit den Marktanteil ausbauen sowie die Ertragslage verbessern, oder aus der Branche zurückziehen. Auch letztere Alternative ist günstig – der Kampf um Marktanteile in Wachstumsbranchen läßt einen attraktiven Verkaufspreis für ein solches Unternehmen erwarten.

Solchen, mäßig ertragreichen Unternehmen wären die mittelgroßen Anbieter von Computern zuzurechnen.

Anlagetip:

Nur dann entsprechende Aktien kaufen, wenn eine Verbesserung der Unternehmensposition wahrscheinlich ist. Gelingt der Wechsel zu den "Stars", steigen Erträge und Kurse deutlich.

➡ *Arme Hunde*

Sowohl der Markt als auch die Marktposition sind unattraktiv, weitere Investitionen sind wegen mangelnder Ertragsaussichten abzulehnen. Aufgrund der oft negativen Rentabilität ist eine Weiterführung der Geschäfte nicht lohnend. Entsprechend betreiben etwa Stahlerzeuger auch eine Strategie der Desinvestition und versuchen auf andere Geschäftsfelder auszuweichen.

Anlagetip:

Keine "Armen Hunde" ins Depot!

Zusammenfassend läßt sich, nach Meinung des Verfassers, die folgende Chance-Risiko-Relation in Abhängigkeit zur Einstufung angeben:

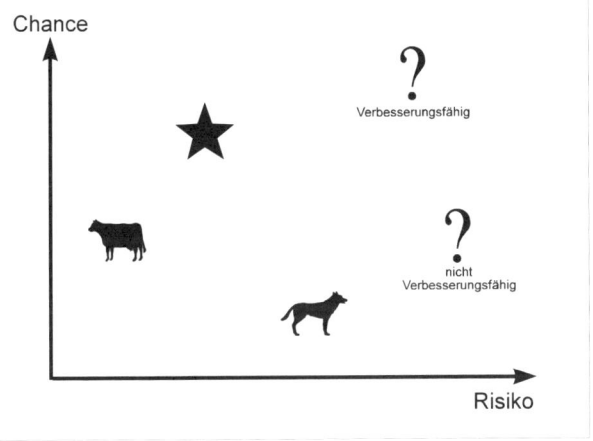

Abb. 52: Chancen und Risiken

Daß der Verfasser das Risiko eines "armen Hundes" niedriger einstuft als das Risiko eines Fragezeichens, liegt an folgendem Sachverhalt:
Arme Hunde werden meist niedrig bewertet, während Fragezeichen oft als sogenannte Hoffnungswerte einzustufen sind. Letztere neigen somit zu einer relativen Überbewertung und sind daher auch überdurchschnittlich risikoreich. Extrembeispiel: die Aktien von Goldexplorationsfirmen.

II. Zum Marktbegriff im BCG-Schema

Für die Anwendung des BCG-Schemas ist der Begriff "Markt" sehr eng zu fassen: Bei einem Hersteller von Festplatten ist nicht der Anteil am Computermarkt oder gar der Anteil am Markt "Computer/Software/Elektronik" entscheidend, sondern nur der Anteil am Markt für Festplatten; bei einem Hersteller von High-End-Mountain-Bikes nicht der Anteil am Fahrradmarkt, sondern nur der Marktanteil im Segment der High-End-Mountain-Bikes. Entsprechendes gilt auch für regional orientierte Märkte.

So kann ein Nischenanbieter, der bei einer traditionell weiten Definition des Marktbegriffs nur einen kleinen Marktanteil besitzt, trotzdem eine hohe Rentabilität aufweisen.

Beispiel: Weinig hält einen eher marginalen Anteil am Weltmaschinenmarkt, ist aber dennoch Marktführer im Bereich der Holzkehlmaschinen.

Dagegen verfügen die meisten deutschen Maschinenbauer über keine solche Position. Besonders betroffen sind die Hersteller von CNC-Maschinen. Die Expansionsanstrengungen japanischer Hersteller führten zu einer Wettbewerbsverschärfung – vor allem auf der Preisseite. Die größenbedingten Kostennachteile der deutschen Branchenmitglieder schlugen sich demzufolge in hohen Verlusten nieder.

Der folgende Chart zeigt die Wirkung für den Aktionär – aus der schwachen Marktposition resultierten nicht nur Verluste bei den Unternehmen, sondern auch Kurseinbußen bei den Anlegern.

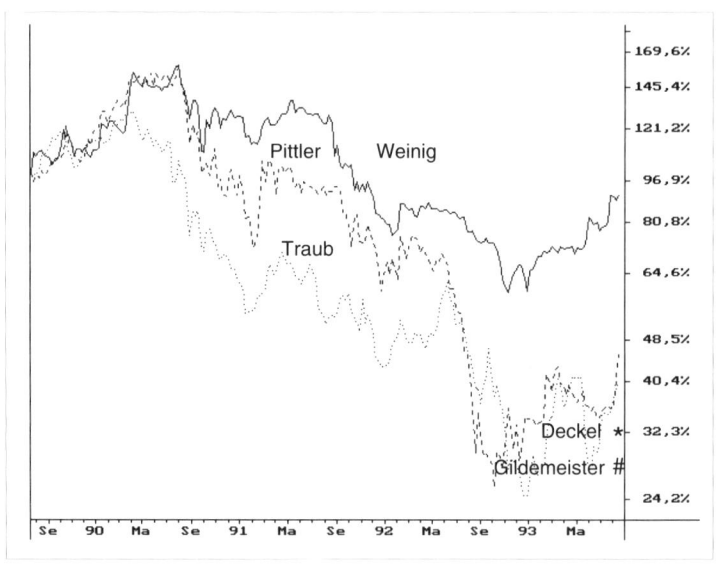

Abb. 53: Erfolgreiche Nischenstrategie im Maschinenbau

Auch hier wieder die Frage, wie es seit der ersten Ausgabe dieses Buches weiterging: Deckel und Traub existieren nicht mehr; und Pittler hat nochmals 60 Prozent an Wert eingebüßt. Gildemeister hat rund 50 Prozent, Weinig rund 30 Prozent gewonnen.

Allerdings darf die Bedeutung des Marktanteils auch nicht überschätzt werden: Voraussetzung dafür, daß der Marktanteil von Unternehmen Aussagen über deren Ertragskraft liefern kann, ist natürlich, daß sich irgendwelche Größenvorteile – wie rationellere Fertigung, höhere Verhandlungsmacht gegenüber Lieferanten oder preisgünstigerer Service – ergeben. Dies ist nicht in allen Branchen der Fall.

Als weitere Einschränkung muß beachtet werden, daß Größe oft zu Bürokratisierung, Unflexibilität und Verschwendung führt (Extremfall: ein Staatsunternehmen wie die Bundesbahn, das bei richtigem Management Gewinne in Milliardenhöhe erzielen müßte[81]).

III. Vorschläge für Musterportfolios

Wie alle rein schematischen und pauschalen Vorschläge zur Strukturierung von Wertpapierdepots sind natürlich auch diese Empfehlungen mit Vorsicht zu genießen. Ein wichtiger Vorteil im Vergleich zu anderen Allgemeinplätzen bezüglich der Branchen- oder Länderstreuung besteht jedoch:

Es lassen sich präzisere Aussagen zum Risikogehalt der einzelnen Aktien und deren Kurspotential treffen. Dies gilt ganz besonders, wenn die im folgenden Kapitel erläuterten aktien- und branchenspezifischen Risikokomponenten in die Überlegungen mit einfließen.

Dabei ist zu beachten, daß bei einem bevorstehenden wirtschaftlichen Aufschwung – bzw. in der Anfangsphase einer solchen Aufwärtsbewegung – unabhängig vom Reifegrad der Branche eher konjunkturabhängige Werte bevorzugt werden sollten. Entsprechend wäre vor oder während des Abschwungs das Schwergewicht auf konjunkturresistente Werte zu legen.

---

[81] In den USA erzielen die börsennotierten Eisenbahngesellschaften Nettoumsatzrenditen von 6 %!

Dabei sollte sich ein Anleger, ebenso wie ein diversifiziertes Unternehmen, auf eine gesunde Mischung konzentrieren.

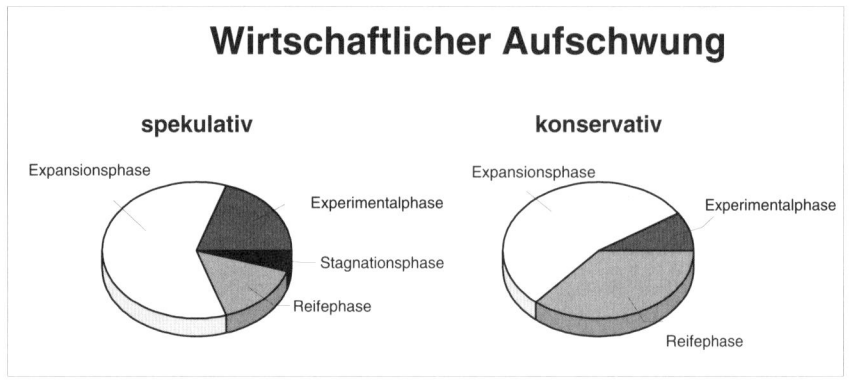

Abb. 54: Musterportfolio "Lebenszyklus I"

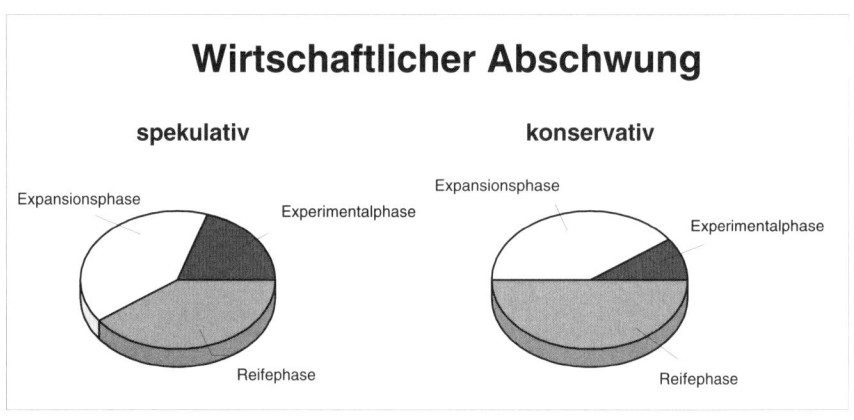

Abb. 55: Musterportfolio "Lebenszyklus II"

Grundsätzlich gilt zunächst, daß konservative Anleger – unabhängig von den wirtschaftlichen Rahmenbedingungen – Unternehmen aus reifen Branchen stärker gewichten sollten, als dies für spekulative Anleger angeraten ist. Beide Anlegergruppen kommen unter Risikoaspekten nicht ohne diese Aktien aus. Dennoch sollten spekulative Investoren mit langfristigem Anlagehorizont grundsätzlich in der Expansionphase befindliche Unternehmen bevorzugen. Darüber hinaus empfehlen sich unter kürzerfristigen Aspekten für diesen Anlegerkreis auch Engagements in Aktien aus stagnierenden Branchen (ein bevorstehender wirtschaftlicher Aufschwung zieht diese Werte oft überproportional nach oben – und sei es, weil alle einen Gewinnanstieg erwarten und daher kaufen).

Beide Anlegergruppen sollten zudem die Chancen junger oder im Entstehen begriffener Branchen nutzen – wer bereit ist, etwas höhere Risiken einzugehen, sollte sie natürlich stärker gewichten als ein konservativer Anleger.

5. Kapitel:

Börse und Psychologie

Eine Vielzahl von Ursachen führt zur Über- bzw. Unterbewertung von Aktien und Aktienmärkten. Ein und dieselbe Information wird von verschiedenen Personen unterschiedlich beurteilt. Trenner[82] nennt einige psychologische Ursachen dieses Phänomens:

→ *Wahrnehmungsselektion:*
Unerwünschte Meldungen, d.h. solche, die der eigenen Meinung widersprechen, werden ignoriert. Beispiel: Ein Anleger, der die feste Überzeugung hat, das Unternehmen XY sei grundsolide, wird zumindest die erste Meldung, daß diesem Unternehmen rote Zahlen drohen, nicht ernst nehmen.

→ *Generalisierung:*
Die Meldung zu einem Unternehmen wird auf alle Aktien der gleichen Branche übertragen. Beispiel: Ein Gewinneinbruch bei IBM drückt die Kurse aller Computerwerte.

→ *Subjektive Bedeutungsbeimessung:*
Jeder bewertet Informationen anders. Beispiel: Wenn ein hoher Verlust durch Rationalisierungsmaßnahmen eingetreten ist, sieht ein Marktteilnehmer nur den Verlust, ein anderer dagegen künftige Gewinnsteigerungen.

→ *Ansteckung:*
Anleger lassen sich durch die Meinung anderer oft zu den gleichen Hand-

---

[82] Vgl. Trenner, "Aktienanalyse und Anlegerverhalten"

lungsweisen verleiten, ohne rational zu überlegen, ob dieses Verhalten angemessen ist. Beispiel: Panikverkäufe bei Crashs und die sogenannte "Milchmädchenhausse[83]"

Ein typisches Beispiel für psychologisch bedingte Kursbewegungen bot die VW-Aktie im Zusammenhang mit López. Der folgende Chart zeigt den Kursverlauf der VW-Aktie (im Vergleich zum DAX) vom Eintritt López´ bis zum ersten Spiegel-Bericht über den Verdacht der Industriespionage.

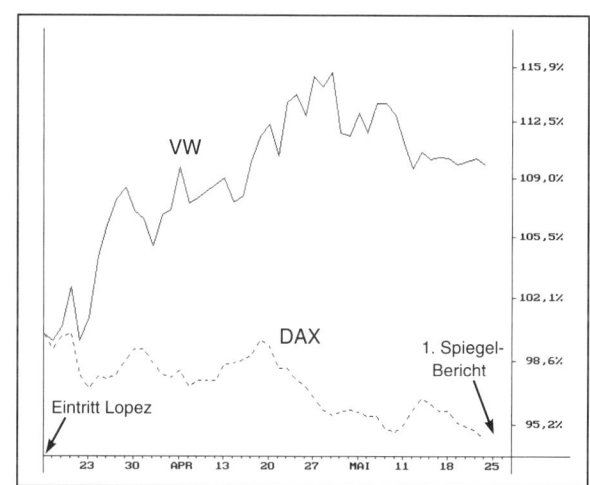

Abb. 56:

*VW und López,
Teil I*

Meldungen, nach denen es López innerhalb weniger Monate gelungen sein sollte, die Gewinnschwelle von 100 % auf 85 % zu drücken (d.h.: Abbau der Gesamtkosten um ca. 15 %!), wurden damals von den Anlegern dankbar aufgenommen.

Nachdem der Spiegel allerdings erstmals über den Verdacht der Industriespionage berichtete, gestaltete sich der Kursverlauf etwas anders:

---

[83] Interessanterweise wurde dieser Begriff nach dem Crash von 1929 geprägt - der letzte Kursaufschwung soll durch Aktienkäufe von Hausangestellten und anderen Kleinstanlegern getragen worden sein.

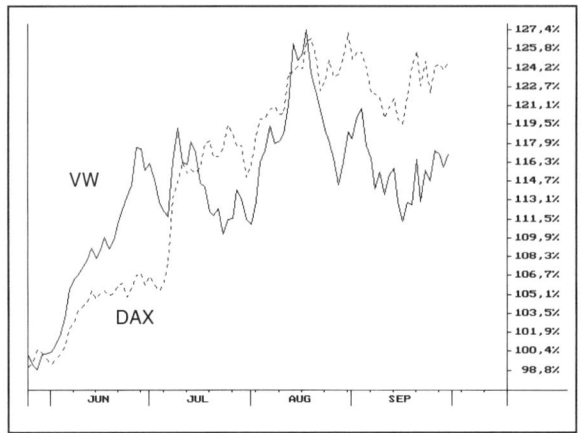

JUN   JUL   AUG   SEP

Abb. 57:

VW und López
Teil II

Von einer besseren Performance der VW-Aktie zeigte sich keine Spur mehr – relativ zum Marktdurchschnitt verlor der Aktienkurs an Boden.

I. Die Meinungen anderer Anleger

Meinungen von anderen Marktteilnehmern haben meist eine Gemeinsamkeit: sie sind nicht neu!

Bis eine Anlageempfehlung allgemein verbreitet wird, hat sie bereits einen langen Weg hinter sich. Warum?

→ Neue Ideen werden nicht umgehend kundgetan, sondern im Regelfall erst nach gründlicher Prüfung weitergereicht.

→ Meinungen und Anlageempfehlungen werden zuerst auf dem bequemsten Weg weitergegeben – d.h. im persönlichen Gepräch. Daraus resultiert ein Informationsvorsprung jener Anleger, die im täglichen Dialog mit den Analysten stehen. Bis die Information gedruckt zu lesen ist, haben die wichtigsten Marktteilnehmer oft schon gekauft.

→ Auch Wertpapieranalysten lassen sich von den Meinungen anderer beeinflussen. Die Analysen anderer Banken liegen ohnehin auf dem Schreibtisch – entsprechend wird oft "Schnee von gestern" nochmals empfohlen.

> **Anlagetip:**
>
> Wenn alle für eine Aktie (Branche, Land) optimistisch sind: Finger weg, alle haben schon gekauft, bevor sie die Aktie empfohlen haben – und wer schon investiert ist, wird die Aktie nicht mehr kaufen, und wenn niemand mehr kaufen will, warum sollte die Aktie steigen?

Selbst wenn die Empfehlung noch so fundiert ist – zumindest eine technische Reaktion nach unten ist die Regel. Beispiel: der französische Aktienmarkt. Alle waren – mit vollem Recht – optimistisch (März/April 1993). Die Folge: der Markt korrigierte erst um 10 % nach unten, bevor die fundamentalen Daten zum Kursanstieg führten.

Selbstverständlich gilt auch der umgekehrte Fall: Etwa ab 1990 wurde in der deutschen Presse vor einer zu hohen Bewertung der US-Börse gewarnt (und noch dazu mit falschen Argumenten[84]). Inzwischen (Ende 1997) hat sich der Index mehr als verdreifacht und die Unternehmensgewinne haben mit dem Kursanstieg Schritt gehalten.

Ebenfalls Vorsicht ist geboten, wenn Standardaktien als "unterbewertet" bezeichnet werden. Das kann zwar für kleinere Werte zutreffen; daß jedoch 100 Analysten in verschiedenen Ländern "schlafen", ist eher unwahrscheinlich.

---

[84] Die Argumentation war weitgehend auf dem KGV der Dow-Jones-Werte aufgebaut; erstens war das durchschnittliche KGV der breiteren Indices deutlich niedriger; zweitens wurden Verluste - anders als in ähnlichen Betrachtungen am deutschen Markt - voll bei der KGV-Berechnung mitberücksichtigt (selbst wenn es sich um einmalige Verluste aus Umstrukturierungen handelte).

II. Indikatoren zur Marktstimmung

Es existiert eine Vielzahl von Indikatoren, welche die Stimmung des Marktes messen sollen.

Die Mehrzahl davon ist auf wenig anschaulichem mathematischen Wege aus Kursbewegungen und Umsatzveränderungen abgeleitet, die Nutzung setzt entsprechende Analyseprogramme voraus. Diese Indikatoren will der Verfasser hier nicht ansprechen.

Die Grundlage der hier erwähnten Stimmungsindikatoren ist sehr einfach zu erfassen: Der Optimist besitzt schon Aktien, kann also nur noch verkaufen – der Pessimist hat keine Aktien, wird also irgendwann kaufen. Damit wird großer Optimismus zum Verkaufssignal und Pessimismus zum Kaufsignal.

1. Barreserve von Investmentfonds

Besonders am deutschen Aktienmarkt, der von in- und ausländischen Institutionellen dominiert wird, ermöglicht dieser Indikator Aussagen über die zukünftige Entwicklung. Sein wesentlicher Nachteil besteht darin, daß die entsprechenden Zahlen erst mit mehreren Wochen Zeitverzögerung verfügbar sind.

Die Erklärung zur Wirkungsweise dieses Indikators ist relativ einfach:
Sofern ein Aktienfonds hohe liquide Mittel unterhält, wird er in Zukunft eher auf der Käuferseite zu finden sein, und so als zusätzlicher Nachfrager für steigende Kurse sorgen. Liquide Mittel eines Aktienfonds stellen eine potentielle Nachfrage dar.

Ist er dagegen bereits mit fast 100 % engagiert, kann er nur noch verkaufen; allenfalls Abgabedruck und damit fallende Kurse können die Folge sein.

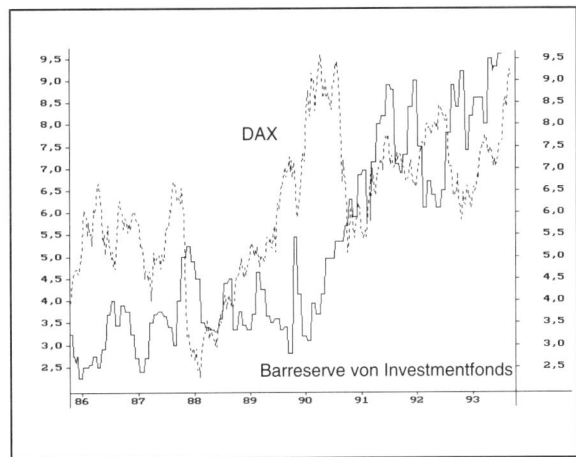

Abb. 58:

Barreserve von Investmentfonds vs. DAX

Auffällig oft markierten niedrige Barreserven der Investmentfonds Höchst-kurse im Index, und hohe Barreserven deuteten eine günstige Kaufgelegenheit an.

Als Einschränkung gilt jedoch: Es werden weder liquide Mittel von inländi-schen Privatanlegern, noch die freien Gelder von institutionellen Anlegern aus dem Ausland erfaßt. So kann z.B. eine durch Auslandskäufe ausgelöste Hausse nicht vorab erkannt werden.

2. Put-Call-Verhältnis

Im Gegensatz zur "Barreserve der Investmentfonds" erfaßt das "Put-Call-Ver-hältnis" die Meinung aller Anlegergruppen.

Wer steigende Kurse erwartet, wird Kaufoptionen (Calls) erwerben; damit ist ein überdurchschnittlich hoher Anteil der Calls am Umsatz ein Indiz für Optimismus der Marktteilnehmer.

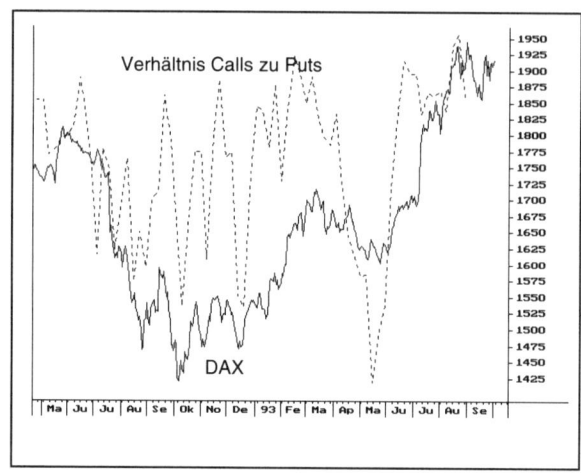

Verhältnis Calls zu Puts

DAX

Abb. 59:

*Verhältnis Calls zu Puts vs.
DAX*

Auch diese Grafik zeigt deutliche Übereinstimmungen:
Ein hoher Anteil an gehandelten Kaufoptionen läßt Optimismus erkennen; und
hoher Optimismus ist ein Anzeichen für fallende Kurse. Werden dagegen nur
wenige Calls gehandelt, so ist dies als Hinweis auf Zweifel am Kursaufschwung zu deuten – ein Indiz für Pessimismus und damit steigende Kurse.
Steigen dann die Kurse, kommt hinzu, daß der Verkäufer eines Calls die
Aktien liefern muß – falls er diese nicht besitzt, muß er sie über die Börse
kaufen. Die Folge: zusätzliche Nachfrage, und damit weiter steigende Kurse.

3. Optimismus von Börsenbriefen

Nur wenige Anleger bilden sich ihre Meinung völlig unabhängig von der
Beeinflussung durch Dritte. Auch hier gilt: Optimisten haben bereits Aktien
gekauft, und wer investiert ist, wird allenfalls als Verkäufer für nachgebende
Notierungen sorgen. Je länger eine solche Stimmung anhält, desto deutlicher
wird das Kauf- bzw. Verkaufsignal.

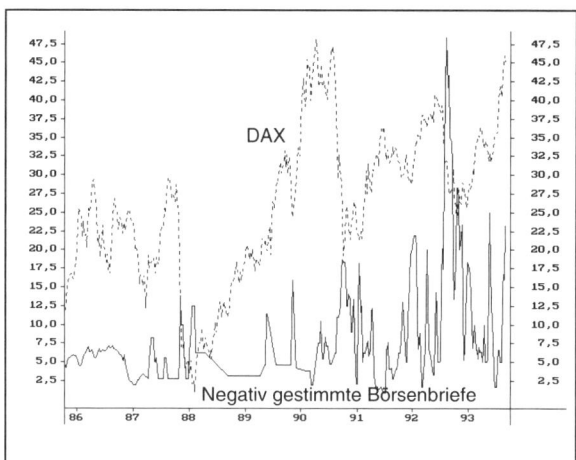

Abb. 60:

Anteil der negativ
gestimmten Börsenbriefe
vs. DAX

Ersichtlich wird aus diesem Chart, daß gerade großer Pessimismus eine Kaufgelegenheit signalisiert[85].

III. Selbstdisziplin

1. Nicht im Abwärtstrend kaufen

Beim Futures-Handel gibt es eine wichtige Regel: "Never Catch a Falling
Knife".
Auch wenn eine Aktie schon die Hälfte oder gar 90 % vom Wert eingebüßt
hat, ist dies kein Grund, der gegen eine nochmalige Halbierung des Kurses
spräche. *Es gibt nur einen Aktienkurs der nicht unterschritten werden kann;
dieser liegt bei 0,00 DM und nicht bei x-Prozent des Vorjahres-Hochs.* Die
einzige Einschränkung ist: Sammler historischer Wertpapiere sorgen für einen
gewissen Restwert.

---

[85] Da Börsenbriefe letztendlich davon leben, Aktientips zu verkaufen, ist die Mehrheit stets positiv
gestimmt. Dieser "Grundoptimismus" erklärt, daß erst ungewöhnlich starker Optimismus als
Verkaufssignal zu werten ist. Aus diesem Grund läßt bereits schwacher Pessimismus steigende Kurse
erwarten.

Die Kursveränderungen bei Hako zeigen dies sehr anschaulich – ein weitgehend ungebremster Kursverfall um fast 95 %. Ein Prozeß, der sich nach der Übernahme durch Escom fortgesetzt hat – *nochmals* rund 95 % Kursverlust!.

Abb. 61:

*Kursverfall
bei Hako*

Anlagetip:
Keine Aktien kaufen, die sich im freien Fall befinden. Ein hoher Kursverlust tritt nicht grundlos ein, sondern weil das Unternehmen schlecht läuft oder voraussichtlich schlecht laufen wird.
Man sollte vorwiegend in Aktien florierender Unternehmen investieren!

2. Keine Angst vor hohen Kursen

Keine Aktie fällt grundlos – und genausowenig steigt sie ohne Berechtigung. Wenn ein Unternehmen floriert, schlägt sich dies natürlich auch in steigenden Kursen nieder. Lediglich unter Tradingaspekten kann Abwarten empfehlenswert sein – Gewinnmitnahmen führen oft zu günstigeren Kaufgelegenheiten.

Allerdings sprechen zwei Punkte dagegen: Anleger, die zu früh verkauft haben, wollen diese Chancen auch nutzen; Anleger die noch nicht "dabei" waren, möchten dann einsteigen. Das Rückschlagspotential beim Kurs ist daher eher gering – diese Anlegergruppen nutzen niedrigere Kurse schnell zum Kauf, und verhindern so eine deutliche Korrektur.

Diese Mechanismen lassen sich unter dem Stichwort "die Hausse nährt die Hausse" zusammenfassen.

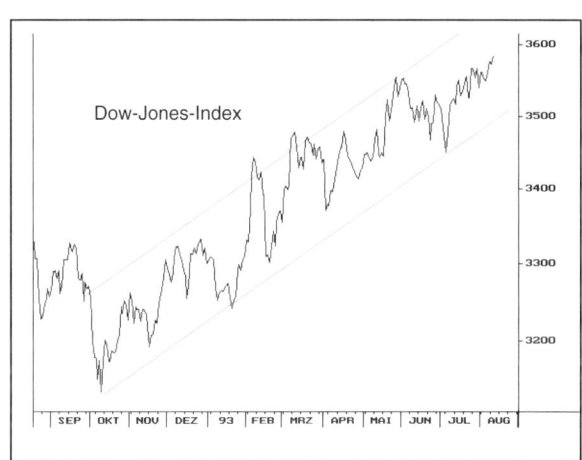

Abb. 62:

Aufwärtstrend beim
Dow-Jones

3. Gewinne laufen lassen und Verluste beschränken

Diese alte Börsianerweisheit kennt jeder, aber kaum etwas ist so schwierig zu beachten.

Niemand, der an die gekaufte Aktie glaubt, wird gern einen Verlust realisieren, solange die Chance besteht, diesen in einen Gewinn umzuwandeln. Und der im Menschen steckende Jäger- und Sammlertrieb verlockt dazu, üppige Gewinne mitzunehmen.

Zudem gibt es auch kaum eine *richtige* Regel, bei deren Befolgung so viel schief gehen kann.

Fast jeder Aktienkäufer (der Autor dieses Buches leider eingeschlossen) müßte schon die Erfahrung machen, daß "Gewinne laufen lassen" auch zum

"Weglaufen" der Gewinne führen kann. Und fast jeder Aktienkäufer, der seine Verluste frühzeitig beschränkte, mußte schon feststellen, daß die Aktie danach doch noch kräftig stieg.

Dennoch: Diese Regel ist richtig – auch wenn sie kein Patentrezept ist, um an der Börse schnell reich zu werden.
Und einige Ergänzungen verbessern die Treffsicherheit:

➡ Wahl der Stop-Loss- bzw. Gewinnabsicherungsmarke

Dieser Kurs, bei dessen Unterschreitung die Aktie verkauft wird, sollte keinesfalls bei irgendeinem willkürlichen Kurs – wie etwa 10 % unterhalb des Kaufkurses – gesetzt werden. Gerade zur Auswahl einer Verlustbegrenzungsmarke bietet sich die technische Analyse an:
Unterstützungslinien haben den Vorteil, daß die Stop-Loss-Marke konstant bleibt, und damit einfacher zu überwachen ist. Bei steigenden Kursen sollte die alte Stop-Loss-Marke allerdings regelmäßig überprüft und gegebenenfalls neu (dann eventuell als Gewinnabsicherungsmarke) festgelegt werden.

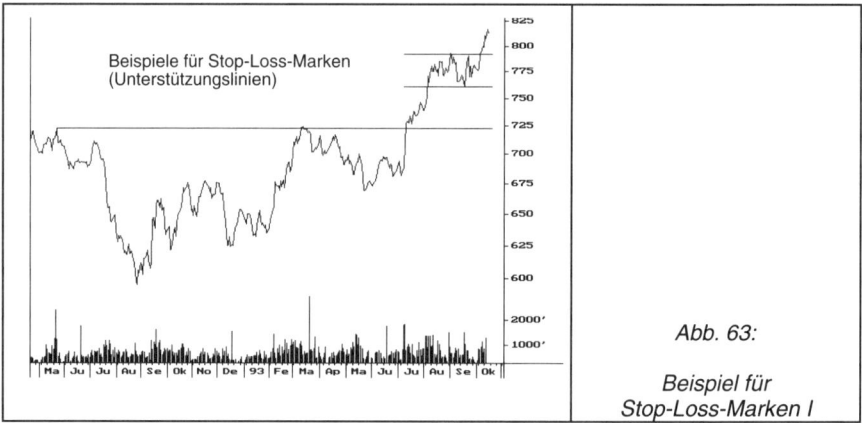

Abb. 63:

Beispiel für
Stop-Loss-Marken I

(Aufwärts-)Trendlinien dagegen sind schwieriger zu überwachen, da sich die Stop-Loss-Marke (die später "automatisch" zur Gewinnabsicherungsmarke wird) laufend ändert. Eine Neufestlegung ist dagegen nur selten nötig. Ähnliches gilt für (chart-)technisch orientierte Verfahren wie etwa Trendfolge-systeme[86].

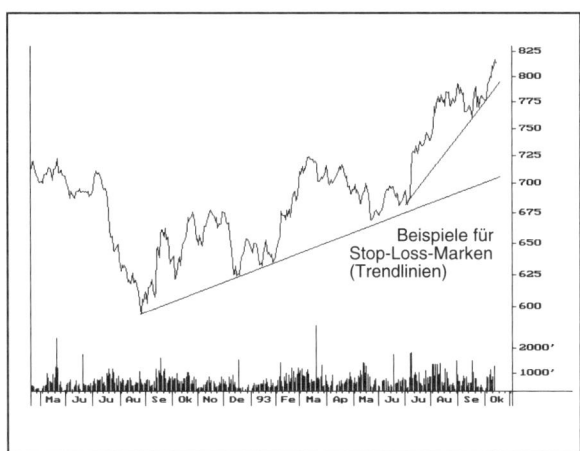

Abb. 64:

*Beispiele für
Stop-Loss-Marken II*

➡ Stop-Loss- und Gewinnabsicherungsmarken nachziehen

Wenn die Aktie "wunschgemäß" gestiegen ist, ist es erforderlich, die Gewinne abzusichern. Durch die Festlegung einer neuen, höheren Verlustbegrenzungs-marke wird vermieden, daß bei einem Kursrückgang alle schon aufgelaufenen Gewinne verlorengehen.

➡ Den Gesamtmarkt nicht aus den Augen lassen

Wenn sich in einem extrem schwachen Gesamtmarkt die eigene Aktie zwar noch relativ gut hält, aber trotzdem nach unten entwickelt, ist es oft empfeh-lenswert, eine neue, tiefere Verlustbegrenzungsmarke zu setzen.
Im umgekehrten Fall – die Aktie neigt bei einem festen Gesamtmarkt zur Schwäche – muß die Stop-Loss-Marke dagegen strikt eingehalten, oder even-tuell sogar höher angesetzt werden.

---

[86] Ein sehr einfaches Trendfolgesystem wäre beispielsweise: Kaufen, wenn der Kurs den gleitenden 40-Tage-Durchschnitt nach oben durchstößt, und die Aktie so lange halten, bis der Kurs wieder unter diese 40-Tage-Linie fällt.

➡ Stop-Marke an das Chance-Risiko-Verhältnis anpassen

Es ist Unsinn, bei extrem volatilen Aktien, deren tägliche Schwankungsbreite bei 10 % liegt, eine knappe Verlustbegrenzungsmarke zu setzen. Umgekehrt: Wer das Kurssteigerungspotential einer konservativen Aktie auf 10 % schätzt, sollte nicht bereit sein, 25 % Kursverlust in Kauf zu nehmen.

Vor einer Verhaltensweise möchte der Verfasser hier ausdrücklich warnen. Anlaß dafür ist die leider weitverbreitete Einstellung von Aktienanlegern: "ich will zumindest meinen Einstandskurs wiedersehen".

> Es gibt keinerlei Garantie dafür, daß ein früherer Kurs irgendwann einmal wieder erreicht wird – wäre dem so, dann müßte man nur stark gefallene Aktien kaufen und abwarten.
> Unter allen Motiven, eine Aktie zu kaufen oder zu halten, ist dies das schlechteste. Der Börse ist es völlig egal, ob Herr Müller-Schulze bei 100 DM oder bei 500 DM gekauft hat.
> Der Aktienkurs bildet sich aufgrund ökonomischer und psychologischer Faktoren, und nicht gemäß dem Wunschdenken eines einzelnen Anlegers.

Anlagetip:
Bei Verlusten niemals darauf vertrauen, daß der Einstandskurs wieder erreicht wird.

Zum Vorgehen:
Neben der Möglichkeit Verlustbegrenzungsmarken selbst zu überwachen, lassen sich Stop-Loss-Orders bei vielen Aktien auch börsenmäßig abwickeln. Dabei besteht aber ein Problem: es ist nicht möglich, unangenehme Überraschungen auszuschließen (der Zusatz "aber mindestens..." ist leider nicht machbar).
Viele Besitzer von US-Werten haben sich vor dem 1987er Crash darauf verlassen, durch das Setzen einer Verlustbegrenzungsmarke allenfalls einen geringen Verlust zu erleiden. Damals wurden die Stop-Loss-Orders nicht – wie sonst üblich – knapp unterhalb dieser Marke ausgeführt. Meist wurde zu Tiefstkursen verkauft.

Bei der "manuellen" Überwachung sollte auch ein anderer Fehler vermieden werden: Die Aktie fällt unter die Stop-Marke, entsprechend wird auch die Verkaufsorder erteilt, doch dabei wird (vor allem bei Nebenwerten) ein zu knappes Limit gesetzt!

Es muß nicht immer bestens verkauft werden, aber wer hier zu "geizig" ist, riskiert, daß er nicht sofort "herauskommt", ein neues, tieferes Limit setzen muß, das Ganze sich wiederholt, und letztendlich die Stop-Loss-Überwachung sinnlos war.

Eine knapp limitierte Stop-Loss-Order kommt leider oft nur dann zur Ausführung, wenn sich das Unterschreiten dieser Verlustbegrenzungsmarke als Fehlsignal erweist.

6. Kapitel:

Strukturierung von Aktiendepots

Zur Auswahl von Wertpapieren genügt es nicht, mehr oder minder wahllos Tips aus diversen Börsenbriefen oder aus dem Freundes- und Bekanntenkreis zu befolgen – auch wenn dies mit etwas Glück gutgehen kann.

Um die Folgen von – unvermeidbaren – Fehleinschätzungen zu vermindern, ist es wichtig, bei der Auswahl von Wertpapieren systematisch vorzugehen, und insbesondere den Gesichtspunkt "Risikostreuung" zu berücksichtigen.

Bei Beachtung gewisser Auswahlkriterien können die Risiken der Aktienanlage gesenkt, und gleichzeitig die Ertragsaussichten verbessert werden.

I. Grundlagen

Gemeinhin werden zwei Verfahren zur Auswahl von Wertpapieren verwendet:

→　die "*Top-Down-Methode*", die sich an der volkswirtschaftlichen Analyse orientiert, und unter anderem in Deutschland bevorzugt wird, sowie

→　die "*Bottom-Up-Methode*", die als "Stock-Picking" bekannt ist, und bevorzugt im angelsächsischen Raum verwendet wird

Beeinflußt durch die bereits vorgestellten wettbewerbsstrategischen Überlegungen und die Theorien zum Produktlebenszyklus geht der Verfasser dieses Buches (nicht immer, aber immer öfter!) nach einem anderen Schema vor.

Die Darstellung dieses Analyseansatzes erfolgt unter der Überschrift

→　*"Branchen-Picking"*

Die bequemste und "sicherste" Methode, um Fehler zu vermeiden, ist allerdings das Eingehen von

→ *Marktengagements*, d.h. das Portfolio wird so strukturiert, daß die Wertveränderung des Aktienportfolios den Wertveränderungen des entsprechenden Indexes gleicht

1. Top-Down-Methode

Vorgehensweise:

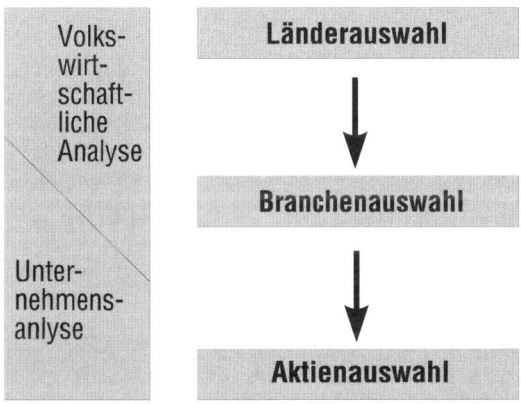

Abb. 65: Schema "Top-Down-Analyse"

Zunächst werden die zur Auswahl stehenden Anlagemärkte nach volkswirtschaftlichen Kriterien untersucht, und so eine Vorauswahl getroffen.
Dabei fließen insbesondere Überlegungen und Prognosen zur weiteren Konjunktur- und Zinsentwicklung ein. Indikatoren zum Außenhandel, und binnenwirtschaftliche Kennziffern wie Arbeitslosenquote, Konsumklima, Löhne und Preise werden in diesem Analyseschritt ebenfalls berücksichtigt,

149

Zusätzlich wird auch beurteilt, ob der Aktienmarkt insgesamt günstig oder teuer erscheint. Die Kriterien für diese Überlegungen entsprechen dabei oft jenen, die zur Aktienanalyse herangezogen werden: durchschnittliches Kurs-Gewinn-Verhältnis, erwartetes Gewinnwachstum, Kurs-Buchwert-Verhältnis etc.. Auch technische Indikatoren werden hier angewandt.

Der Länderauswahl schließt sich die Auswahl von Branchen an. Letztendlich recht einfach:
Befindet sich das Land im konjunkturellen Abschwung, so werden zinssensitive Werte mit gesicherten Erträgen übergewichtet. Wird dagegen mit einer wirtschaftlichen Erholung gerechnet, sind zyklische Aktien zu bevorzugen, da diese auf einen Aufschwung mit steigenden Gewinnen (und oft steigenden Kursen) reagieren.

Erst im Anschluß an diese Überlegungen erfolgt die eigentliche Aktienauswahl.

2. Bottom-Up-Methode oder "Stock-Picking"

Hier handelt es sich um den Versuch, mittels fundamentaler und technischer Analysemethoden unterbewertete Aktien – und damit Aktien mit überdurchschnittlichem Kurspotential – zu ermitteln.

Unter den so ausgewählten Aktien wird dann schließlich – unter Berücksichtigung der gegebenen Anlagebedingungen wie Länder, Risikogehalt, Risikostreuung etc. – die Auswahl getroffen.

Nur mit richtig angewandtem Stock-Picking sind überdurchschnittliche Erfolge zu erzielen.
Die in den vorangegangenen Kapiteln vorgestellten Überlegungen, insbesondere die Ausführungen zu Wettbewerbsvorteilen, Branchenaussichten und spezieller Branchenposition bieten Hilfestellung bei der Auswahl.

3. "Branchenpicking"

Die Wachstumsaussichten einzelner Unternehmen werden in hohem Umfang von den Wachstumsaussichten der Gesamtbranche bestimmt.
Die wenigsten Unternehmen werden in einer schrumpfenden Branche noch expandieren können – umgekehrt bietet eine boomende Branche jedem hier tätigen Unternehmen eine gute Chance, Umsätze und Gewinne zumindest im Rahmen des Marktwachstums zu steigern.

Aber nicht nur aus diesem Grund mißfällt es dem Autor, daß bei der Anwendung der Top-Down-Methode eine Vorauswahl der Anlageländer getroffen wird.

In einer Zeit, die wirtschaftlich vom Welthandel sowie dem Wegfall von Handelsbarrieren geprägt ist, spielen länderspezifische Aspekte eine zunehmend untergeordnete Rolle.
Viele der wichtigsten Wirtschaftszweige können bereits jetzt als globale Branchen bezeichnet werden: Auto und Autozulieferer, Chemie, Elektro/Elektronik/Computer, Textil, Maschinenbau, Flugzeuge, Stahl etc.
Weitere Branchen sind auf dem Weg zur Globalisierung.
Die EG wird zu einem europaweiten Wettbewerb der Versicherungsgesellschaften führen, ähnliches ist im Bankenbereich zu erwarten. (Obwohl die sehr hohe Kundentreue den Prozeß verlangsamen dürfte.[87]) Auch Branchen wie Nahrungsmittel werden trotz unterschiedlichster Eßkultur zunehmend durch weltweit tätige Konzerne (Nestlé, Kellogg, Unilever etc.) beherrscht.

Mittelfristig wird die national dominierte Branche nur noch als Einzelfall vorkommen: Strom- und Wasserversorgungsunternehmen und Teile der Bauwirtschaft bleiben Nischen für national tätige Anbieter.

Zur Vorgehensweise beim Branchenpicking bietet sich eine Verknüpfung des Ansatzpunktes "Produktlebenszyklus" mit wettbewerbsstrategischen Überlegungen an.

---

[87] Nach Meinung des Verfassers sind die deutschen Banken jedoch gerade dabei "ein Eigentor zu schießen". Die Tendenz, den Kunden möglichst nur noch durch Automaten abzufertigen, schwächt die Kundentreue - und wird so den Wettbewerb verschärfen.

Kurzgefaßt:

Anlagetip:

Aktien von Unternehmen kaufen, die in wachsenden Märkten – oder Markt-segmenten – tätig sind, und dabei über signifikante Wettbewerbsvorteile verfügen.

---

4. "Marktengagements"

Mit der Entscheidung, beispielsweise alle DAX-Werte zu erwerben, entfällt gleichzeitig das Risiko, die "falschen" Aktien zu kaufen. Das Portfolio wird sich genauso entwickeln wie der Gesamtmarkt, und damit liegt die Verantwortung für schlechte Ergebnisse offensichtlich auch beim Gesamtmarkt.
Es ist der bequemste Weg, und der Anleger braucht sich keine Gedanken zu den einzelnen Aktien zu machen.

Für kurzfristig orientierte Entscheidungen ist dieses Vorgehen auch empfehlenswert – wer etwa aufgrund bestimmter Faktoren (Veröffentlichung von Konjunkturdaten, Wahlen, Ergebnisse der technische Analyse) eine Hausse erwartet, sollte diesen Weg gehen.

Anlagetip:

Wer sich nur *kurzfristig* in einem Markt engagieren will, sollte auf Stock-Picking verzichten (aber nur dann!).

Dabei ist es einem Privatanleger sicher nicht möglich, die 30 DAX-Werte im richtigen Zahlenverhältnis zu kaufen.
Doch es bestehen genügend Alternativen, von denen der Verfasser einige nennen möchte:

➜ Kauf von DAX-Partizipationsscheinen

Diese werden in Kurszetteln unter dem Stichwort "Optionsscheine" aufge-
listet, und entsprechen in etwa einem Kauf-Optionsschein auf den DAX mit
dem Basispreis Null.
Die Kursentwicklung folgt, von marginalen Schwankungen abgesehen, dem
DAX – daher die fast nicht unterscheidbaren Kurven der folgenden
Abbildung.

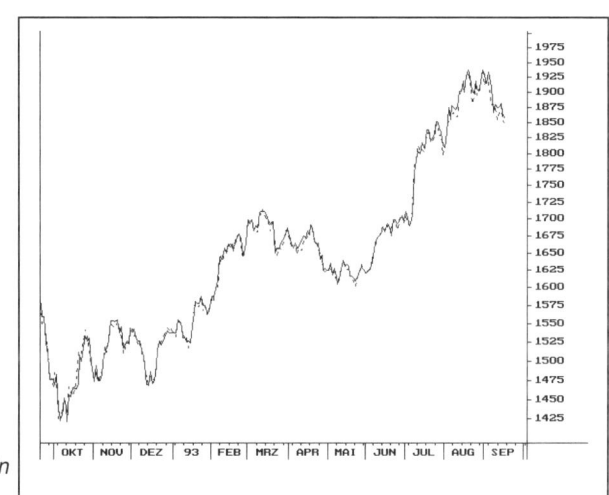

Abb. 66:

DAX-Partizipationsschein
vs. DAX

➜ Kauf von Indexfonds

Dies sind Investmentfonds, deren Portfoliostrukturierung sich nach der
jeweiligen Indexzusammensetzung richtet.

➜ Kauf von Optionsscheinen,

Um das Problem, des "Zeitwertes[88]" auszuschalten, können tief im Geld
stehende Optionsscheine gekauft werden.

---

[88] Der Wert von Optionsscheinen setzt sich aus zwei Komponenten zusammen: dem "inneren Wert"
und dem "Zeitwert". Letzterer ist vorrangig von der Restlaufzeit abhängig, und geht im Laufe der
Zeit zurück.

153

Der untenstehende Chart zeigt sehr schön die Übereinstimmungen im Kursverlauf zwischen einem DAX-Call des Schweizer Bankvereins (Basispreis 1.300 Punkte, Laufzeit bis Januar 1994) und dem DAX.

Abb. 67:

DAX-Optionsschein vs. DAX

➡ Kauf des DAX-Futures

Hier muß zwar im Vergleich zum Kassamarkt ein Aufschlag bezahlt werden. Dieses Aufgeld entspricht jedoch der Renditedifferenz zwischen Aktien und Festgeld (oder Festverzinslichen), so daß der Anleger keine finanziellen Nachteile erleidet.

Für ein Marktengagement ist es im übrigen nicht zwingend erforderlich, wirklich alle Aktien zu kaufen. So kann der – aus 24 Werten bestehende Swiss Market Index – zu fast 90 % durch den Kauf von 7 Aktien nachgebildet werden. Dabei muß lediglich auf die niedrig gewichteten Werte verzichtet, und die Anlage auf jeweils eine Aktiengattung beschränkt werden (sind im Index z.B. Namensaktien und Partizipationsscheine enthalten, so ist es meist ausreichend, nur eine dieser Aktiengattungen zu erwerben).

II. Risikogehalt von Einzelwerten

Zur Ermittlung des Risikogehaltes einer bestimmten Aktie gibt es zwei Ansatzpunkte:

Mathematisch lassen sich mit geringem Aufwand Kennzahlen wie Volatilität[89], Korrelation[90] und Beta-Faktor[91] ermitteln.

Es gibt aber daneben auch eine Vielzahl von *qualitativen* Kriterien, die Aussagen darüber ermöglichen, ob eine Aktie als erzkonservativ oder eher als "Zockerpapier" einzustufen ist.

1. Qualitative Kriterien

➜ Sicherheit von Gewinnen

Aktienkurse reagieren deutlich auf Abweichungen zwischen den durchschnittlich erwarteten und den tatsächlich realisierten Gewinnen.
Ein sehr guter Maßstab dafür, ob Überraschungen in dieser Richtung eintreten könnten, ist die Schwankungsbreite jener Gewinnschätzungen, die von Banken und Wertpapieranalysten veröffentlicht werden. Anhand der DTB-Werte wird noch gezeigt, daß sich unsichere Gewinnschätzungen in stärkeren Kursbewegungen und einem damit verbundenen höheren Risiko niederschlagen. (siehe Tabelle 9)

➜ Bilanzkennzahlen

Auch wenn der Autor kein Anhänger von Zahlen ist: Selbstverständlich ist die Aktie eines Unternehmens mit 70 % Eigenkapitalquote sicherer und konservativer als die eines Unternehmens mit 10 % Eigenkapital.
Diese Aussage gilt natürlich nur innerhalb einer Branche. Für eine Bank ist ein Eigenkapitalanteil von 10 % sehr üppig; bei einem Handelsunternehmen wäre

---

[89] Erfaßt die prozentualen Kursschwankungen.
[90] Ein Maß dafür, ob die Aktie Kursbewegungen des Gesamtmarktes folgt.
[91] Zeigt die Kursschwankungen relativ zum Markt.

dies eher knapp, und bei einem konjunkturabhängigen Industriebetrieb könnte so jede ungünstige Entwicklung den Konkurs auslösen.

→ Geschäftstätigkeit

Faktoren wie geringe Schwankungen in der Nachfrage, konjunkturunabhängige Geschäftsfelder und ein geringer Wettbewerb bei fast fehlendem technischen Fortschritt führen zu einer stetigen Gewinnentwicklung. Die Aktien der entsprechenden Unternehmen werden dadurch letztendlich risikoärmer.

Das gleiche gilt für verschiedene Geschäftsbereiche, die durch ihre Ertragslage konjunkturelle Schwankungen ausgleichen können (Konglomerate als augenfälligstes Beispiel, aber auch "integrierte" Ölgesellschaften, die bei hohen Ölpreisen von der Förderung profitieren, bei niedrigen Ölpreisen hingegen von der Verarbeitung).

Value Line[92] stufte 119 von 1.700 Aktien in die Kategorie "sehr sicher" ein. Dabei erfolgte diese Zuordnung *nicht* anhand der Geschäftstätigkeit, sondern gemäß folgenden Vergangenheitsdaten:

- finanzielle Lage und
- Kursstabilität (abgeleitet aus Volatilität und Beta-Faktor)

Die Hälfte der genannten Unternehmen entstammen lediglich sieben Branchen, während sich die verbleibenden "sicheren" Aktien auf die restlichen 90 Branchen verteilen. Damit besteht offensichtlich ein Zusammenhang zwischen Unternehmenstätigkeit und Risiko von Aktien

Branche	Anzahl der Nennungen
Strom- und Wasserversorger	18
Telekommunikation	12
"integrierte" Ölgesellschaften	7
Gasversorger	6
Einkommensorientierte Fonds	5
Verlage	5
Nahrungsmittelverarbeitung	4

Tab. 10: Sichere Aktien am US-Markt

---

[92] Vgl. Value-Line, Part 1 vom 27.8.1993

➡ Reifegrad der Branche

Auf diesen Punkt wurde bereits ausführlich im dritten Kapitel eingegangen. Zweifellos sind reife Branchen am sichersten – die obige Tabelle bestätigt dies. Dagegen ist das Risiko der Aktienanlage sowohl in frühen, als auch in späten Phasen des Marktlebenszyklus höher.

➡ Marktbreite

Ebenfalls wichtig ist die Frage, ob eine gesonderte Beachtung von Standard- und Nebenwerten unter dem Gesichtspunkt "Risiko" notwendig ist. Zweifellos weisen Nebenwerte manchmal überdurchschnittliche Kursschwankungen auf. Dafür sind, nach Meinung des Verfassers, zwei Ursachen verantwortlich: Neben der gängigen – und zweifellos richtigen – Erklärung, daß eine geringere Liquidität bei ansteigenden Umsätzen zu höheren Kursausschlägen führt, dürfte auch die Tatsache, daß gerade kleinere Werte oft aus jungen, dynamischen Branchen stammen, dafür maßgeblich sein.

Aber: Eine Auswertung von fast 800 deutschen Aktien[93] zeigte keinen eindeutigen Zusammenhang zwischen Unternehmensgröße und Aktienrisiko. Extrem hohe Kursschwankungen sind für krisengeschüttelte Unternehmen typisch, bei den "Exoten" des deutschen Kurszettels (z.B. lokal tätigen Brauereien etc.) traten dagegen nur minimale Kursschwankungen auf.

2. Mathematisch erfaßbare Faktoren

Im Gegensatz zu den oben genannten, zwar zukunftsorientierten, jedoch subjektiven Größen läßt sich das Risiko von Geldanlagen auch aus den Kursschwankungen der Vergangenheit ableiten. Je stärker die Kursschwankungen, desto risikoreicher ist die jeweilige Aktie.

Dabei wird – ökonomisch durchaus zutreffend – unterstellt, daß das Risiko einer Anlage zumindest über kurze Betrachtungszeiträume hinweg weitgehend unverändert bleibt.

---

[93] Es wurde die Volatilität für 30 und 100 Tage per 16.9.93 bestimmt.

Für langfristige Anlageentscheidungen dagegen sollten die qualitativen Kriterien stärkere Beachtung finden.

Deshalb wird im Folgenden nur kurz auf die mathematischen Kennzahlen eingegangen.

a. Beta-Faktor

Der Beta-Faktor ist eine Kennziffer, die deutlich macht, in welchem Ausmaß eine Aktie den Kursbewegungen des Gesamtmarktes (Index) folgt.

Dabei gilt:
Beta > 1: die Aktie bewegt sich stärker als der Gesamtmarkt
Beta = 1: die Aktie schwankt genauso wie der Gesamtmarkt
Beta < 1: die Kursbewegungen sind geringer als die des Gesamtmarktes
Beta = 0,5: die Aktie bewegt sich halb so stark wie der Gesamtmarkt

b. Korrelation

Im Gegensatz zum Beta-Faktor, der angibt, in welchem Ausmaß eine Aktie die gleichen Kursbewegungen wie ein Index vollzieht, mißt die Korrelation die Übereinstimmungen zwischen zwei Kursreihen.

Dabei sind die Zahlenwerte für die Korrelation folgendermaßen zu interpretieren:

Korrelation = 1: die Kursbewegungen verlaufen genau wie der Index
Korrelation = 0: es besteht kein Zusammenhang
Korrelation = -1: die Kursentwicklung verläuft genau entgegengesetzt zum Index
Korrelation = 0,8: der Aktienkurs folgt dem Index weitgehend

c. Volatilität

Die Volatilität ist ein Maß für die zu erwartenden prozentualen Kursschwankungen von Aktien – unabhängig von den Bewegungen des Marktes. Benötigt wird die Volatilität in erster Linie zur Ermittlung des fairen Preises von Optionen und Optionsscheinen.

Eine 30-Tage-Volatilität von 20 besagt beispielsweise: Aufgrund der Kursbewegungen der letzten 30 Tage wird die Aktie innerhalb des nächsten Jahres wahrscheinlich (genauer: mit 67 % Wahrscheinlichkeit, da von einer sogenannten Standardnormalverteilung ausgegangen wird) um +/- 20 % schwanken. Anders ausgedrückt: Kostet eine Aktie mit dieser Volatilität jetzt 100 DM, so wird der Kurs in einem Jahr wahrscheinlich zwischen 80 und 120 DM liegen.

In der Regel wird die Volatilität aus den Kursschwankungen in der Vergangenheit berechnet (historische Volatilität). Dabei tritt jedoch das Problem auf, daß sich je nach Beobachtungszeitraum bzw. -zeitpunkt stark unterschiedliche Werte ergeben. Die folgende Grafik zeigt die Schwankungen der 30-Tage-Volatilität des DAX von Anfang 1988 bis zum Mitte 1993.

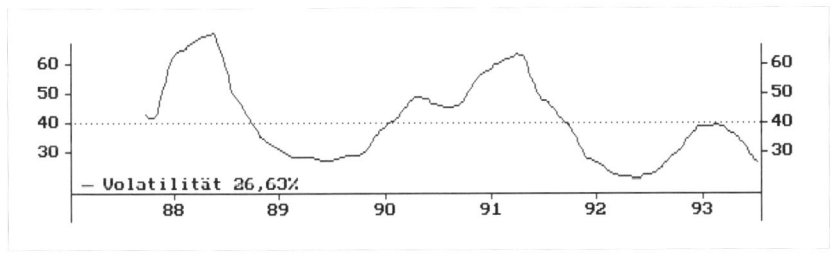

Abb. 68: Entwicklung der Volatilität

Umgekehrt ist es aber auch möglich, die von den Marktteilnehmern erwartete Volatilität zu errechnen, d.h. die Erwartungen des Marktes zur möglichen Schwankungsbreite von Aktienkursen zu messen.

Hierzu wird unterstellt, daß die Kurse von Optionsscheinen und Optionen angemessen sind[94]. Die eigentlich zur Ermittlung des fairen Wertes von Optionen genutzte Black-Schooles-Formel[95] ermöglicht damit – bei gegebenem Optionspreis – auch die Errechnung der Volatilität ("implizite Volatilität").

Trotz der starken Schwankungen ist die Volatilität zur Risikomessung durchaus geeignet. So war eine Aktienanlage kurz vor Beginn des Golfkrieges natürlich risikoreicher als nach dessen Beendigung. Zumindest den Tagesschwankungen sollte man jedoch weniger Gewicht beimessen.

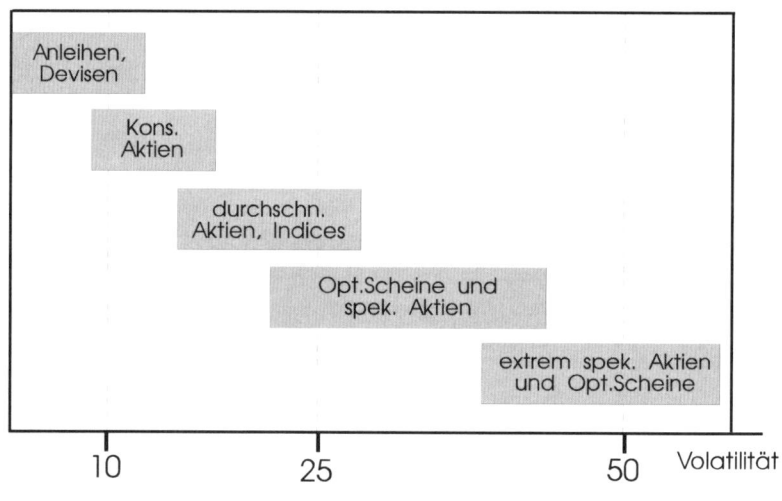

Abb. 69: Typische Volatilitäten

---

[94] Ein rational denkender Investor wird für eine Option weder mehr zahlen, als diese wert ist, noch sie unter Wert verkaufen.

[95] Hierbei handelt es sich um ein Gleichgewichtsmodell zur Preisbestimmung von Optionen. Kernpunkt dieser Formel ist die Annahme, daß sich der Erwartungswert eines zuünftigen Aktienkurses durch eine (logarithmisch normalverteilte) Wahrscheinlichkeitsfunktion beschreiben läßt.

3. Synthese

Letztendlich ist das aktienspezifische Risiko von drei Faktoren abhängig:

→ von der Branchensituation allgemein und der Position des Unternehmens innerhalb der Branche,

→ von der Zuverlässigkeit der Gewinnschätzungen und

→ den mathematisch ermittelbaren Risikoparametern.

Dabei ist folgender Zusammenhang gegeben:
Die Branchenstruktur und die Position des Unternehmens beeinflussen die Sicherheit der Gewinnschätzungen – unsichere Gewinnschätzungen schlagen sich in einer höheren Volatilität nieder.
Die Analyse dieses Zusammenhangs erfolgte anhand der wichtigsten DAX-Werte.
Sortiert wurde die folgende Tabelle nach der Maßzahl "Volatilität". Je höher diese Volatilität, desto heftiger waren die Kursschwankungen in der Vergangenheit.
Gleichzeitig wird auch die "Schwankungsbreite der Gewinnschätzungen"[96] erfaßt. Hier würde eine Zahl von 1 besagen, daß alle Gewinnschätzungen exakt übereinstimmen. Je näher diese Zahl bei 1 liegt, desto ähnlicher sind die Gewinnschätzungen. Je kleiner (oder größer[97]) dagegen diese Zahl, desto geringer sind die Übereinstimmungen.

---

[96] Berechnet wurde diese Größe auf folgende Art: Jeweils für die Jahre 1993 und 1994 wurde die niedrigste Gewinnschätzung durch die höchste dividiert. Aus diesen beiden Quotienten wurde der Mittelwert gebildet. (Negative Werte entstehen, wenn einige Analysten Gewinne, andere dagegen Verluste erwarten).

[97] Bei sehr unterschiedlichen Verlustschätzungen treten hohe positive Werte auf.

Aktie	Schwankungsbreite der Gewinn- schätzungen[98]	Konjunkturabhängig- keit, Branche	Lebens- zyklus	historische Volatilität[99]
RWE	0,80	gering, Versorger	"Reif"	13,2
VEBA	0,80	gering, Versorger	"Reif"	13,9
Siemens	0,85	mäßig, Elektro	"Reif"	14,1
Deutsche Bank	0,66	gering, Bank	"Reif"	14,5
Bayer	0,70	mittel, Chemie	"Reif"	16,8
Dresdner Bank	0,69	gering, Bank	"Reif"	16,8
BMW	0,73	hoch, Auto	"Reif"	17,6
Allianz	0,53	gering, Versicherung	"Reif"	17,7
BASF	0,45	mittel, Chemie	"Reif"	18
Hoechst	0,69	mittel, Chemie	"Reif"	18
Commerzbank	0,56	gering, Bank	"Reif"	19,1
Daimler	0,36	hoch, Auto	"Reif"	19,4
Mannesmann	0,51	mittel, diversifiziert	?	23,3
Thyssen	0,21	hoch, Stahl	"Stagn."	23,4
VW	-3,20	hoch, Auto	"Reif"	24,9

Tab. 11: Risiko deutscher Standardwerte

Diese Tabelle bestätigt einige der oben aufgeführten Thesen.

→ Aktien mit gut prognostizierbaren Gewinnen (RWE, VEBA, Siemens) zeigen geringere Kursschwankungen als solche mit stark differierenden Gewinnschätzungen (Thyssen, VW, Daimler).

→ Aktien, die auf konjunkturelle Veränderungen empfindlich reagieren (Thyssen, Mannesmann, VW), zeigen heftigere Kursbewegungen als Aktien von Unternehmen, die als konjunkturresistent gelten.

---

[98] Quelle der Gewinnschätzungen: Börse Online, Heft 20/93, Gewinnschätzungen folgender Banken: BV, BHF, J. Bär, DreBa, CoBa, Hypo, Berl. Bank, Aufhäuser, Warburg, TuB, Soc. Gen., CSFB

[99] Hier: Arithmetisches Mittel aus den impliziten 30-, 100-, 300- und 900-Tage-Volatilitäten per 10.6.1993.

Augenfällig ist dabei, daß gerade die VW-Aktie die höchste Volatilität und die stärksten Abweichungen zwischen den Gewinnschätzungen aufweist. VW ist in einer konjunkturabhängigen Branche tätig; aufgrund der bekanntermaßen sehr hohen Gewinnschwelle (bei fast 100 % der Kapazität!) besteht eine äußerst starke Abhängigkeit von der Wirtschaftslage. Erstaunlich ist, daß dies selbst dann gilt, wenn der Beobachtungszeitraum so kurz gewählt wird, daß sich Schwankungen im Konjunkturzyklus eigentlich gar nicht bemerkbar machen dürften.

→ Die Bonität eines Unternehmens spielt als "Stabilisator" für die Aktienkurse lediglich eine recht untergeordnete Rolle. (Allianz zeigt trotz hervorragender Bonität keine unterdurchschnittlichen, Daimler sogar überdurchschnittliche Kursschwankungen.)

→ Bezüglich des Zusammenhangs zwischen dem Reifegrad einer Branche und der Kursbeweglichkeit sind leider nur eingeschränkte Aussagen möglich. Die Unternehmen sind weitgehend reifen Branchen zuzuordnen. Allerdings: die beiden einzigen Ausnahmen – Thyssen (Stahl, schrumpfende Branche) und Mannesmann (Mobilfunk = wachsende Branche; "Stahl" = schrumpfende Branche) zeigen sowohl eine überdurchschnittliche Volatilität, als auch sehr unsichere Gewinne.

Noch zwei Hinweise zur Telekom-Aktie: Nach knapp einem Jahr an der Börse erscheint sie als unterdurchschnittlich risikoreiches Papier (relativ niedrige Volatilität, weitgehend einheitliche Gewinnschätzungen). Die völlige Veränderung der Marktsituation (vom Monopol zum Wettbewerb) und dann wahrscheinlich stärker differierende Gewinnschätzungen lassen für die Zukunft eine überdurchschnittliche Volatilität erwarten – und kein "Witwen- und Waisenpapier", wie die Werbung glauben machen wollte!
Ob sich diese Einschätzung als richtig herausstellt, wird der Leser selbst beurteilen können!

4. Führt ein höheres Risiko zu höheren Erträgen?

Jeder Anleger muß sich zwischen risikoreichen und risikoarmen Aktien entscheiden. Die Kernfrage dabei ist: Bieten risikoreichere Aktien (überdurchschnittlich volatil, hoher Beta-Faktor) auch höhere Ertragschancen?
Nur wenn dies wirklich der Fall ist, darf ein rational denkender Investor auch Aktien mit hohem Risiko kaufen, da zum Ausgleich für hohes Risiko auch hohe Gewinnchancen nötig sind.

In der Betriebswirtschaftslehre, sowie den meisten empirischen Untersuchungen wurde stets bejaht, daß höhere Risiken zu höheren Ertragen führen.
Details einer Untersuchung für das Jahr 1992 möchte der Verfasser hier vorstellen.

Value-Line ordnete die 1.700 im Value-Line-Index enthaltenen Werte gemäß ihrem Beta in neun Klassen ein[100], und ermittelte den Erfolg für das Jahr 1992:

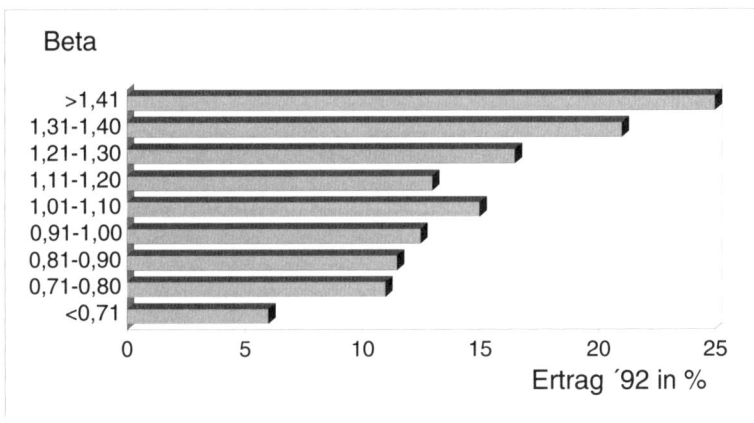

Abb. 70: Abhängigkeit der Erträge vom Beta-Faktor

---

[100] Vgl. Value-Line, Part 2 vom 12.2.1993; Hinweis: Value-Line verwendet ein Berechnungsverfahren für den Betafaktor, der die Volatilität berücksichtigt.

Das Ergebnis dieser Untersuchung bejaht einen Zusammenhang zwischen Risiko und Ertrag einer Anlage deutlich. Je höher das Risiko einer Anlage – gemessen am Beta-Faktor – desto höher der Ertrag.
Einschränkend gilt jedoch: risikoreiche Aktien weisen in einem rückläufigen Aktienmarkt auch überdurchschnittliche Kurseinbußen auf.
Entsprechend kam eine viel beachtete Studie – untersucht wurden mehrere tausend Aktien über einen Zeitraum von 50 Jahren – zu dem Schluß:
Die Zusammenhänge zwischen Risiko und Ertrag sind kaum vom Zufall zu unterscheiden.

Nach Meinung des Verfassers übersieht die ganze Diskussion zum Thema "risikoreiche oder risikoarme Aktien" einen wesentlichen Aspekt:

Es gibt zwei Arten risikoreicher Aktien:

→   *die des jungen und dynamischen Unternehmens, das in einer expandierenden Branche tätig ist, und*
→   *die des maroden Unternehmens in einer schrumpfenden Branche.*

Damit werden zwei nicht vergleichbare Unternehmenstypen "in einen Topf geworfen".
Und auch die Standardempfehlung: "erwartet der Anleger steigende Kurse, dann soll er Aktien mit hohem Beta-Faktor kaufen", ist nutzlos[101].

Beim ersten Typus schlägt sich ein höheres Risiko auch in überdurchschnittlichen Kursgewinnen nieder beim "sterbenden" Unternehmen resultiert aus dem hohem Risiko auch ein höherer Verlust.

---

[101] Erwartet der Anleger steigende Kurse, dann soll er Aktien mit hohem Beta kaufen. Aha? Und wenn er stagnierende oder fallende Kurse erwartet? Dann sollte er eigentlich überhaupt keine Aktien kaufen!! Daraus folgt: entweder Aktien mit hohem Beta oder gar keine Aktien!

5. Informationsrisiko

Jede Anlageentscheidung erfordert Informationen zur betreffenden Aktie. Ein wichtiges Problem bei der Aktienanlage stellt die Beschaffung, Auswahl und Auswertung dieser Informationen dar, da zwei Risiken bestehen: Die Informationen können einerseits unvollständig sein, sie können andererseits auch fehlerhaft sein.

Bei Standardwerten liegt das Problem dabei weniger in der Beschaffung von Informationen, als vielmehr in der Auswahl dessen, was man liest. Datenbanken wie "Reuters-Company-Newsyear" bieten für Aktien wie Siemens oder IBM den Zugriff auf ca. 5.000 Zeitungsartikel.

Bei kleinen Nebenwerten dagegen besteht ein ausgeprägter Informationsmangel für den Anleger.
Dies ist an hochentwickelten Börsen von geringerer Bedeutung. In den USA sind für mehrere tausend Aktien jederzeit aktuelle Analysen für jeden Anleger – natürlich gegen Bezahlung – verfügbar (Value-Line, die Standard and Poors Investment- und Researchreports).
In Deutschland (und auch an anderen Börsen) dagegen, ist eine gezielte Suche nach Analysen zu einer bestimmten Aktie de facto nicht möglich. Sicher werden viele Nebenwerte von irgendeiner Bank beobachtet – erhältlich sind die entsprechenden Studien zu Nebenwerten jedoch ausschließlich für Kunden der jeweiligen Bank.
Auch Datenbanken wie die von Reuters können oft keine Hilfestellung mehr geben – selbst bei mittelgroßen Werten ist die letzte Meldung oft schon ein halbes Jahr alt.
Gerade hier ist die Beurteilung anhand der in diesem Buch vorgestellten Methoden, die am Wettbewerb und am Produktlebenszyklus ansetzen, von größter Bedeutung.

Das gleiche gilt für Aktien aus Schwellenländern: Einfachste Überlegungen (Ungarische Salami!!, vgl. Seite 82) können zum Erfolg führen.

Von 21 Ungarischen Neuemissionen (1990/91) konnten im Zeitraum zwischen Erstemission und Mitte März 1993 nur bei vier Aktien Gewinne erzielt werden. Darunter an dritter Stelle Pick-Szeged[102].

Und von Mitte März bis Anfang 1994 knnte ein Anleger mit Pick-Szeged trotz eines nicht sehr freundlichen ungarischen Aktienmarktes über 200 Prozent Kursgewinn einfahren.[103]

III. Grundlagen der Risikostreuung

Effiziente Risikostreuung setzt voraus, daß zwischen den Kursbewegungen der einzelnen Anlageobjekte ein möglichst geringer Zusammenhang besteht. Das zugrundeliegende Ziel ist, daß ein eventueller Kursrückgang der einen Aktie durch den Kursanstieg einer anderen Aktie kompensiert werden sollte. Gleichzeitig soll diese Diversifikation der Einfluß zufälliger Entwicklungen auf den Wert eines Wertpapierdepots vermindern.

1. Branchenauswahl

Wer glaubt, Risiken zu streuen, indem er statt 150 BASF Aktien 50 BASF, 50 Bayer und 50 Hoechst kauft, liegt leider völlig falsch.

Die Kursbewegungen aller drei Werte werden vom Auf und Ab der deutschen Börse, den DM-Zinsen, der Chemiekonjunktur oder Umweltschutzauflagen gleichermaßen bestimmt.

Der folgende Chart zeigt den auffälligen Gleichklang in den Kursbewegungen.

---

[102] Vgl. Wirtschaftswoche, Heft 13/93
[103] Mangels Daten nur Ca-Angaben!

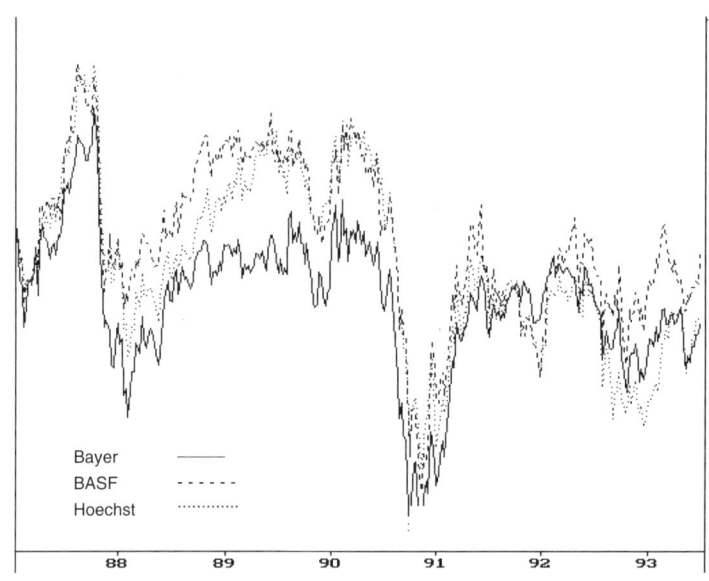

Abb. 71: Kursverlauf von Bayer im Vergleich zu BASF und Hoechst

Deutlich wirksamer fällt die Risikostreuung aus, wenn verschiedene Branchen Berücksichtigung finden.

Die folgende Abbildung zeigt, daß der Zusammenhang zwischen den Kursbewegungen von Auto-, Banken- und Chemietiteln offensichtlich weit weniger ausgeprägt ist. Damit zeigt ein entsprechendes Depot geringere Kursausschläge, ist also als risikoärmer einzustufen.

Dieser Effekt gewinnt besonders bei einer langfristigen Betrachtung an Gewicht.

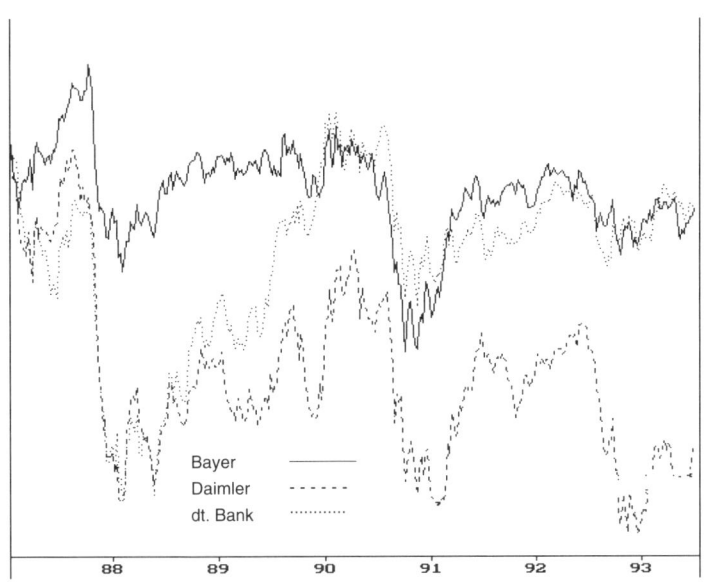

Bayer	———				
Daimler	- - - - -				
dt. Bank	··········				

| 88 | 89 | 90 | 91 | 92 | 93 |

Abb. 72: Kursverlauf von Bayer im Vergleich zu Daimler Benz und Deutsche Bank

2. Branchenstreuung und Anlageland

Ob die Streuung zwischen verschiedenen Branchen unter Risikoaspekten wirklich effizient ist, hängt vom Anlageland ab.

Zum einen bieten sehr viele Länder leider nur eine mangelnde Vielfalt an Branchen und Branchensegmenten. So fehlen auf dem deutschen Kurszettel Halbleiteraktien ebenso wie Spielcasinos, oder die meisten Umweltschutzsegmente; die Schweiz bietet keine Autowerte, und wer Platinaktien kaufen will, muß südafrikanische Aktien erwerben.
Diese Aufzählung ließe sich beliebig erweitern – und macht deutlich, daß für eine effiziente Branchenstreuung international angelegt werden muß.

Zum anderen zeigt sich ein Phänomen: An manchen Börsen verlaufen die Kursbewegungen der Standardwerte sehr ähnlich, an anderen Börsen dagegen zeigen sich geringere Übereinstimmungen.

169

Um dies darzustellen, wurde die Korrelation zwischen Index und Indexwerten über 100 und 500 Tage errechnet. Analysiert wurden Zusammenhänge zwischen dem DAX und den 30 DAX-Werten einerseits, sowie zwischen dem Dow-Jones-Index und den 30 Dow-Jones-Werten andererseits.

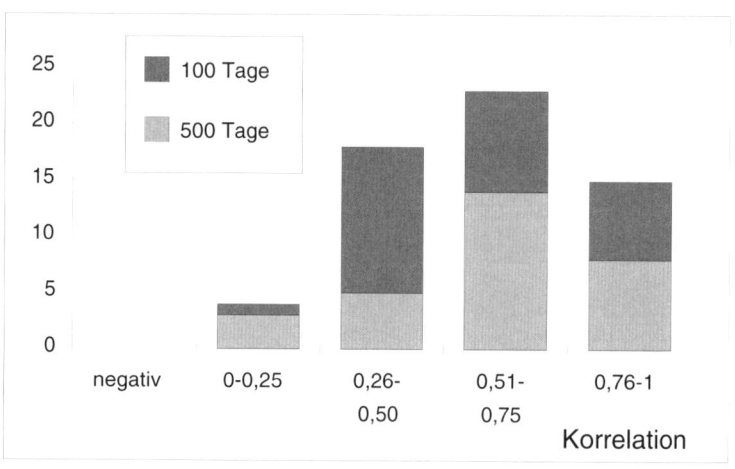

Abb. 73: Korrelation zwischen DAX-Werten und DAX[104]

Die Betrachtung der deutschen Standardwerte zeigt in keinem Fall eine negative Korrelation, dagegen lassen weit mehr als die Hälfte der Daten eine Korrelation von über 0,5 erkennen.

Dieser Sachverhalt läßt sich auch ohne großen rechentechnischen Aufwand beobachten: Steigt der DAX um 1 %, so verzeichnen auch rund 80-90 % der DAX-Werte ein Kursplus. Anders dagegen die Verhältnisse am US-Markt: Hier kommt es durchaus vor, daß der Index zwar kräftig steigt, gleichzeitig aber die Hälfte der Aktien Kurseinbußen hinnehmen muß.

---

[104] Stand der Daten: 24.6.1993

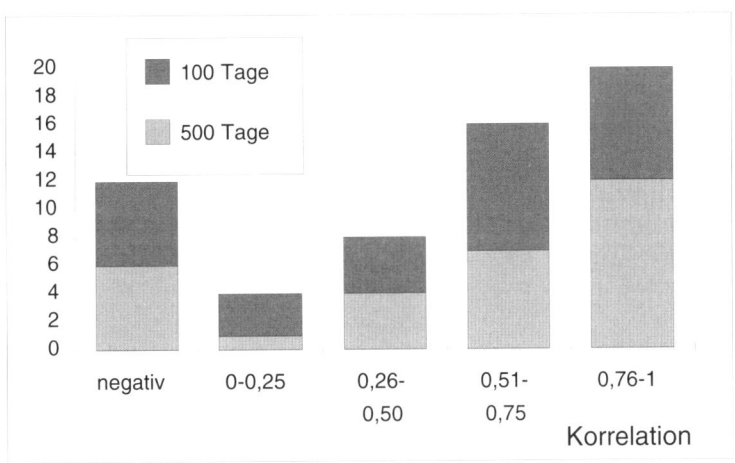

Abb. 74: Korrelation zwischen Dow-Jones-Werten und Dow-Jones[105]

Auch die Auswertung der Korrelation zwischen dem Dow-Jones-Industrial-Index und den Dow-Jones-Werten zeigt dies deutlich!
In einem Fünftel der Fälle liegt eine negative Korrelation zwischen Index und Aktien vor – bei den DAX-Werten ist dies überhaupt nicht der Fall. Sowohl langfristig, als auch kurzfristig betrachtet, zeigen sich am US-Markt geringere Übereinstimmungen in den Kursbewegungen.

Dieser Sachverhalt ist zumindest als Indiz für die bereits angesprochene stärkere Tendenz zum Stock-Picking in den USA zu werten.
Gleichzeitig kommt darin die hohe Abhängigkeit der deutschen Börse von internationalen Anlegern zum Ausdruck: Wer sich lediglich aus kurzfristigen Interessen an einem Aktienmarkt engagiert, wird auf sorgfältige Auswahl von Aktien verzichten, da sich die Mühe des Stock-Picking nur langfristig in einer besseren Performance niederschlägt.
Daneben ist natürlich auch das im Vorwort angesprochene Problem von Investmentfonds (die jede zweite Aktie kaufen müssen) eine Ursache für die relativ hohe Korrelation zwischen den DAX-Werten.

---

[105] Stand der Daten: 23.6.1993

3. Länderstreuung

Die Wirkung der Risikostreuung ist bei einer international ausgerichteten Anlagestrategie wesentlich effizienter. Dies zeigt ein Vergleich der Korrelationen zwischen den Börsenindices verschiedener Länder.

Index	Kurs	Korrel. 100 Tage	Korrel. 900 Tage
.MSCI/Hong Kong	5144,30	-0,01	-0,05
.MSCI/USA	414,60	0,47	0,01
.MSCI/England	860,40	0,66	0,11
.MSCI/Kanada	407,90	0,15	0,26
.MSCI/Schweiz	286,90	0,18	0,33
.MSCI/Japan	955,40	-0,03	0,36
.MSCI/Australien	358,50	0,54	0,40
.MSCI/Niederlande	373,80	0,62	0,42
.MSCI/Dänemark	673,80	-0,25	0,48
.MSCI/Norwegen	620,30	0,18	0,52
.MSCI/Finnland	80,30	0,02	0,52
.MSCI/Europa	520,90	0,04	0,53
.MSCI/Spanien	217,90	0,02	0,57
.MSCI/Neuseeland	81,10	0,41	0,58
.MSCI/Italien	426,20	0,10	0,60
.MSCI/Schweden	1401,6	0,19	0,64
.MSCI/Österreich	364,30	0,85	0,66
.MSCI/Belgien	416,40	0,61	0,66
.MSCI/Singapur	888,00	-0,05	0,70
.MSCI/Frankreich	552,20	0,84	0,76
(.MSCI/Deutschland)	(248,90)	(0,93)	(0,94)

Tab. 12: Korrelation zwischen DAX und MSCI-Länderindices[106]

Auf Sicht von 100 Tagen zeigen 50 % der Indices eine Korrelation von unter 0.5, und 20 % eine negative Korrelation. Auch bei einem längeren Analysezeitraum ergeben sich signifikant geringere Übereinstimmungen in den Kursbewegungen.

Daraus läßt sich folgende Schlußfolgerung ziehen:

---

[106] Morgan-Stanley Länderindices; Stand der Daten: Mitte Juni 1993

Beinhaltet ein Aktiendepot Werte aus verschiedenen Ländern, verlaufen die Kursbewegungen der einzelnen Aktien weniger gleichförmig. Damit zeigt der Gesamtwert dieses Depots im Regelfall geringere Schwankungen, das Risiko für den Anleger sinkt.

Berücksichtigt der Aktienkäufer dagegen nur Aktien aus einem bestimmten Land, steigt die Wahrscheinlichkeit, daß alle Aktien gleichzeitig fallen – dieses Depot wird ein größeres Risiko aufweisen.

IV. Standard- oder Nebenwerte?

Die Abgrenzung zwischen Standard- und Nebenwerten ist etwas problematisch – eine scharfe Trennung ist unmöglich.

Weder der Bekanntheitsgrad bei den Anlegern, noch die Marktbreite lassen eine Beurteilung der Grenzfälle zu. Der Verfasser stuft jede Aktie, die Indexbestandteil ist, als Standardwert ein[107].

1. Nebenwerte zur Risikostreuung

Die folgende Tabelle zeigt die Korrelation verschiedener US-Indices zum Dow- Jones-Industrial-Index.

Index	Kurs	Korrel. 100 Tage	Korrel. 500 Tage
Nasdaq-Composite	689,24	0,13	0,95
Dow-Jones-Composite	1287,69	0,92	0,98
NYSE-Composite	245,77	0,80	0,98
S&P-500	445,78	0,75	0,98

Tab. 13: Korrelation von US-Indices zum Dow-Jones-Index

Langfristig ist dabei ein sehr auffälliger Gleichklang der Kurse festzustellen. Kurzfristig fällt allerdings auf, daß der Nasdaq-Composite-Index, der ausschließlich Freiverkehrswerte enthält, kaum mit dem Dow-Jones korreliert[108].

---

[107] Ausnahmen sind extremst "breite"Indices, wie etwa der Nasdaq-Composite, der alle im US-Freiverkehr gehandelten Werte umfaßt oder der Wilshire-5000-Index.

[108] Ursache dürfte die hohe Gewichtung junger Branchen (insbesondere der Technologiewerte) sein.

Die Aufnahme von Nebenwerten in ein Wertpapierdepot mindert somit vorwiegend kurzfristig als wirksame Diversifikationsmöglichkeit das Risiko eines Aktiendepots.

2. Nebenwerte zur Steigerung des Anlageerfolgs

Sorgfältig ausgesuchte Nebenwerte bieten bessere Chancen als Standardaktien. Nicht umsonst – der langjährige Spitzenreiter unter den Investmentfonds, die in deutschen Aktien investieren (SMH-Spezial-Fonds I) legte gezielt in Nebenwerten an, und schlug alle Konkurrenten. Warum?
Gerade kleinere Werte entstammen oft jungen, erfolgversprechenden Branchen. Eine weitere Ursache des Erfolgs von kleinen Unternehmen ist die wesentlich höhere Flexiblität bei veränderten Umweltbedingungen, sowie das Fehlen verkrusteter bürokratischer Strukturen.

Auch eine umfangreiche Untersuchung am US-Markt bestätigt, daß Nebenwerte ein höheres Erfolgspotential aufweisen.

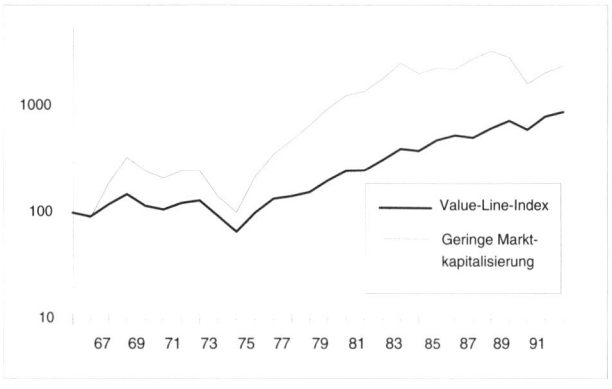

Abb. 75: Performance von Nebenwerten im Vergleich zum Index

Dieses bessere Ergebnis ist auch leicht zu erklären:
Bei Nebenwerten steigen die Gewinne stärker. Und trotz aller Vorbehalte des Verfassers zur Kennzahl "Buchwert" – wenn die Aktien von großen Unter-

nehmen durchschnittlich zum vierfachen, die Aktien von kleinen Unternehmen dagegen nur zum doppelten Buchwert gehandelt werden[109], spricht das für eine Unterbewertung der kleinen Unternehmen. Eine Erklärung hierfür könnte folgendermaßen lauten:

Kleine Aktien werden oft übersehen – die mangelnde Marktbreite führt dazu, daß Banken und institutionelle Anleger diese Werte nur selten in ihre Anlageentscheidungen einbeziehen.

In diesem Zusammenhang ist es erstaunlich, daß vor Nebenwerten gewarnt wird. Die Tatsache, daß es sich bei einer bestimmten Aktie um einen Nebenwert handelt, besagt keineswegs automatisch, daß damit höhere Risiken vorhanden sind. Das Risiko einer Aktie ist in erster Linie von der Qualität des Unternehmens und der Branchenstruktur abhängig.

Und auch das Börsensegment, in dem die Aktie gehandelt wird, spielt kaum eine Rolle – in Deutschland genießt der US-Freiverkehr (OTC-Markt) einen ungerechtfertigt schlechten Ruf. Daß dort – dank der Börsenaufsicht SEC – strengere Sitten als im amtlichen deutschen Handel herrschen[110], wird gern übersehen. Schutz vor Kursverlusten bietet kein Marktsegment – aber nur wenige Börsen schützen den Anleger so wirksam vor Betrügereien.

V. "Exoten"-Börsen?

Eine sehr wirksame Methode, die Risiken eines Wertpapierdepots zu reduzieren, stellt die Anlage an den Börsen sogenannter Schwellen- und Entwicklungsländer dar.

Die Kursentwicklung dieser Börsen weist in der Regel kaum Gemeinsamkeiten mit den großen Leitbörsen auf. Ursache ist, daß die wirtschaftliche Entwicklung dort weitgehend unbeeinflußt von der Konjunktur in den Industrienationen verläuft. Auch Wirtschaftswachstumsraten von bis zu 10 % machen Aktienanlagen in solchen Ländern attraktiv.

---

[109] Vgl.: Merill Lynch, Investmentstrategie: Monthly Chart Perspectives September 1993
[110] Insidergeschäfte à la Steinkühler werden von der SEC mit langjährigen Haftstrafen geahndet; auch Zulassungsvorschriften und die Bestimmungen zur Rechnungslegung sind wesentlich besser auf das Ziel "Anlegerschutz" abgestimmt. Es gibt allerdings auch Börsen, die hier zu Recht ein schlechtes Image haben (Bsp.: Vancouver).

Dem Privatanleger ist zwar der direkte Zugang nur schwer möglich (Ausnahme sind diverse in den USA gehandelte ADRs) und im Regelfall fehlen die Mittel, innerhalb dieser Märkte auch noch Risiken zu streuen. Länderfonds können hier eine willkommene Alternative darstellen, zumal dabei auch das Problem der Informationsbeschaffung entfällt.

Und ein weiterer, sehr wichtiger Vorteil kann sich ergeben – und zwar nicht nur bei den genannten Exotenfonds, sondern auch bei Fonds, die in Deutschland, Frankreich, Großbritannien usw. anlegen:
Da diese Fondsanteile wie Aktien gehandelt werden, entstehen oft hohe Abgelder, d.h. die Anteile werden mit einem Abschlag zum Wert ihrer Wertpapierbestände gehandelt. Umgekehrt bilden sich bei großem Publikumsinteresse gerade bei den Exotenfonds oft Aufgelder heraus.
Ein Beispiel:
Anfang 1989 konnte man den Brazil Fund zum halben Inventarwert (Kurs: knapp 8 Dollar) kaufen[111], im 2. Quartal 1992 notierte er 30 % über dem (nun höheren) Inventarwert (Kurs: über 20 Dollar).

> Anlagetip:
>
> Ein hohes Abgeld ist fast immer ein Kaufargument, da dies auch ein Anzeichen für hohen Pessimismus ist.

Einige der entsprechenden Fonds mit ihrem Aufgeld[112] zeigt die Tabelle auf der nächsten Seite. (Aktuelle Zahlen zu liefern, kann niemals Aufgabe eines Buches sein; der interessierte Leser findet diese Daten jeweils in der Montags-Ausgabe des Wall-Street-Journals.)

---

[111] Der Grund für dieses hohe Abgeld war in der drohenden Abwertung der Cruzeiros zu suchen. Aber gleichzeitig war der Fonds mit 50 % des Vermögens in US-Dollar-Geldmarktpapieren investiert Damit waren die brasilianischen Aktien "kostenlos" erhältlich.
[112] Wall-Street-Journal vom 16.3.1992 bzw vom 9.8.1993, Aufgeld auf Basis der Kurse vom 13.3.1992 bzw vom 6.8.1993

Region	Name	Reuters	Aufgeld 13.3.92	Aufgeld 6.8.93
Südamerika	Argentinia Fund	AF	+14,0	+ 1,4
	Brazil Fund	BZF	- 8,3	- 4,0
	Chile Fund	CH	-10,2	- 3,1
	Mexico Fund	MXF	-12,0	n.v.
Fernost	China Fund	CHN	----	+14,9
	First Philipine	FPF	- 18,9	- 9,9
	Indonesia Fund	IF	+21,2	+17,4
	Korea Fund	KF	+16,1	+38,0
	Malaysia Fund	MF	- 9,5	+ 9,9
	ROC Taiwan Fund	ROC	+ 7,6	+ 6,9
	Singapore Fund	SGF	- 3,8	+16,3
Sonstiges	First Israel Fund	ISL	----	- 8,8
	India Growth Fund	IGF	- 11,1	+27,1
Europa	Turkish Inv. Fund	TKF	+19,8	+15,6
Weltweit	Templeton Em. Markets	EMF	+14,7	+31,3

Tab. 14: Aufgeld von Länderfonds

Zu beachten ist jedoch das hohe Risiko, das der *einzelnen* Anlage innewohnt – politische Unsicherheit soll als Beispiel genannt werden. Galoppierende Inflationsraten dagegen stellen nur ein geringes Risiko dar – gerade bei hohen Inflationsraten schützt der Sachwertcharakter der Aktie vor einem Kaufkraftverlust.[113] Zu den steuerlichen Nachteilen soll hier auf die Ausführungen im Buch "Geld & Zinsen" des Verfassers verwiesen werden.

Trotz des hohen Potentials, das diese dynamisch wachsenden Märkte bieten, sollten daher solche Fonds nur eine Ergänzung der Anlagestrategie darstellen.

> Anlagetip:
> Zwischen Exotenbörsen streuen!

---

[113] So folgten in Deutschland 1923 die Aktienkurse der Inflationsrate, Vgl. Trenner, "Aktienanalyse und Anlegerverhalten", S. 301

Anlagevorschlag:

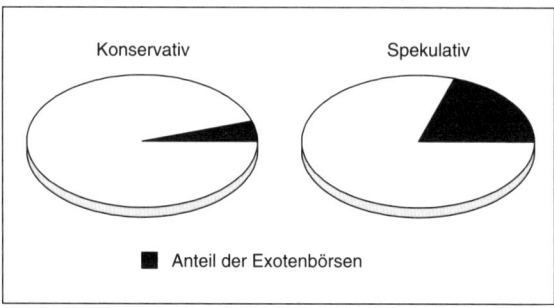

Abb. 76: Musterportfolio "Anteil Exotenbörsen"

7. Kapitel:

Sondersituationen

Für den Aktienanleger sind in erster Linie hohe Kursgewinne von Intereresse. Einige Phasen in der Unternehmensgeschichte bieten durchaus überdurchschnittliches Kurspotential.

→ Der Fall des jungen Unternehmens mit hohen Wachstumsperspektiven wurde bereits im vierten Kapitel besprochen.

Aber auch etablierte Unternehmen können ähnliche Kurschancen aufweisen.

→ Falls sich der tatsächliche Wert eines Unternehmens nicht im Aktienkurs niederschlägt, besteht die Möglichkeit, daß Interessensgruppen das betreffende Unternehmen aufkaufen. Um schließlich die Mehrheit der Aktien in Besitz zu nehmen, wird den Aktionären ein Übernahmeangebot unterbreitet. Der Preis, der für die Aktien dabei geboten wird, liegt regelmäßig deutlich über dem vorherigen Aktienkurs.

→ Unternehmen werden im Regelfall nach dem Ertragswert beurteilt. Sind auf absehbare Zeit lediglich Verluste zu erwarten, dann muß sich der Aktienkurs am Substanzwert orientieren.
Gelingt dem Unternehmen jedoch die Rückkehr in die Gewinnzone ("Turn-Around"), so ist auch wieder der – höhere – Ertragswert für die Bildung des Aktienkurses maßgeblich.
Außerdem ist nicht mehr zu befürchten, daß die Vermögenswerte durch Verluste aufgezehrt werden. Damit ist kein Abschlag vom Substanzwert mehr nötig.
Entsprechend steigt der Aktienkurs, sobald der Turn-Around absehbar ist.

I. Übernahme

Zwei Motive stehen hinter der Übernahme von Unternehmen:

→ die Übernahme zwecks Zerschlagung und

→ die Übernahme zwecks Fortführung.

Obwohl gerade hier ausgesprochen erfreuliche Gewinne zu erwarten sind, sollte ausschließlich auf dieser Basis keine Spekulation aufgebaut werden. Sobald Gerüchte in Umlauf sind, oder gar bereits ein Übernahmeangebot vorliegt, ist die Spekulation "gelaufen" (Nixdorf). Es ist kaum möglich, vorab zu erkennen, welches Unternehmen das nächste Ziel einer freundlichen oder feindlichen Übernahme wird.

Der "brandheiße" Tip aus dem Börsenbrief jedenfalls wird sich fast immer als Niete entpuppen, vor allem, wenn die Verfasser solcher Artikel dabei "Kleinigkeiten" wie etwa ein Höchststimmrecht übersehen.

1. Übernahme und Zerschlagung

Die Übernahme durch "Raider", besonders im angelsächsischen Raum, findet sowohl bei erfolgreichen, aber an der Börse unterschätzten und damit "unterbewerteten" Unternehmen, als auch bei schlecht geführten Unternehmen statt.

Ein Unternehmen wird unter dem Zerschlagungswert gekauft und vom Aufkäufer in "Einzelteilen" – dies können wiederum selbständig lebensfähige Unternehmen sein oder auch einzelne Aktiva wie z.B. Grundstücke – verkauft.

Selbst wenn die Übernahme fehlschlägt, führt oft ein Stimmungswandel im Management dazu, auch für die Aktionäre einen Wert zu schaffen (indem z.B. nicht betriebsnotwendige Aktiva verkauft werden).

2. Übernahme zum Zwecke der Fortführung

Hier kommt als Wertmaßstab nicht der Liquidationswert in Ansatz, sondern der Reproduktionswert. Bei letzterem handelt es sich per definitionem um den Aufwand, der erforderlich ist, um ein entsprechendes Unternehmen aufzubauen. Dabei geht es erst in zweiter Linie um materielle Objekte wie Gebäude oder Maschinen.

Ähnlich wie beim Liquidationswert sind auch hier die nötigen Informationen kaum von außen zugänglich bzw. exakt zu ermitteln. Dies gilt vor allem für die immateriellen Wirtschaftsgüter (Wieviel Werbung ist nötig, um einen gleichwertigen Kundenkreis und ein entsprechendes Image zu schaffen?).

Entsprechend stehen auch die immateriellen Wirtschaftsgüter im Mittelpunkt, wie sich an verschiedenen Übernahmen zeigen läßt:

Käufer	Übernommenes Unternehmen	Strategisches Ziel
Nestlé	Rowntree	etablierte Markennamen
Nestlé	Perrier	etablierte Markennamen
Borland	Ashton Tate	Ergänzung der Produktpalette (eine Datenbank fehlte im "Sortiment" von Borland)
VW	Seat	Marktanteile und Ausschaltung von Konkurrenten
VW	Skoda	neuer Absatzmarkt
Roche	Genentech	Know-how im Gentechnologie-bereich
Kennametal	Hertel	Marktanteile und Ausschaltung von Konkurrenten, Synergieeffekte
Silicon Graphics	MIPS	Know-how
Sony	CBS-Records	Ergänzung der Produktpalette
Siemens	Nixdorf	Marktanteile und Synergieeffekte

3. Anforderungen an Übernahmekandidaten

Ein Übernahmekandidat sollte auf jeden Fall folgende Kriterien erfüllen:[114]

→ Synergieeffekte (Forschung, Vertrieb, Werbung etc.) erwarten lassen.

→ einen hohen Marktanteil besitzen (Anmerkung: dies entspricht der "Star"-Position im BCG-Schema),

→ steigende Gewinne erzielen können (Wachstumsbranche),

→ in das strategische Konzept des Übernehmers passen,

→ Cash-Flow und Verschuldung sollten der Größe angemessen sein.

Aus dieser Aufzählung wird eines ersichtlich:
Die wenigsten Kriterien lassen sich aus Zahlen ableiten – die meisten lassen sich unter den Begriffen "Wett-bewerbsvorteil" und "Branchenstruktur/Branchenposition" zusammenfassen.
Aus diesen Gründen vertritt der Verfasser auch die Meinung, daß bei Berücksichtigung wettbewerbsstrategischer Aspekte bei der Aktienauswahl die Chance steigt, die Übernahmekandidaten von morgen ins Depot aufzunehmen.

II. Liquidation von Unternehmen

Dem Verfasser   ist kein einziger Fall bekannt, in dem ein börsennotiertes Unternehmen liquidiert[115], und der Liquidationserlös anschließend tatsächlich an die Anteilseigner verteilt wurde.[116] (Ausnahme: nach einer Übernahme)
Typisch erscheint in diesem Zusammenhang der Fall IG-Farben i.A.: Erstens kam die "Liquidation" lediglich aufgrund des Drucks seitens der Alliierten

---

[114] Vgl. Behrens/Merkel, "Fusionsfieber", Fischer-Verlag, Frankfurt 1992
[115] In der Literatur wird auch der Verkauf eines Unternehmens im ganzen als (formale) Liquidation bezeichnet; diese Betrachtungen beziehen sich auf die materielle Liquidation.
[116] Ausnahme sind börsennotierte Limited Partnerships (entspricht der KGaA), die von Anfang an auf eine begrenzte Ertragsbeteiligung ausgelegt waren.

nach dem Ende des zweiten Weltkrieges zustande. Zweitens zieht sich die Liquidation mittlerweile seit fast 50 Jahren hin, und ein Ende ist nicht absehbar. Selbst erfolglose Unternehmen werden meist so lange fortgeführt, bis ein Konkurs das wirtschaftliche Leben beendet. In der Praxis findet die Liquidation nur bei Familienunternehmen statt, und dann meist nur weil ein Nachfolger fehlt.

Selten kommt die Teilliquidation bei erfolglosen, in der Regel an der Grenze zum Konkurs stehenden Unternehmen vor. Um den endgültigen Niedergang zu vermeiden, werden die nicht betriebsnotwendigen Aktiva zwecks Geldbeschaffung veräußert, gegebenenfalls schrumpft das Unternehmen, konzentriert sich auf die Kernbereiche, und kann so das langfristige Überleben sichern. Engagements in solchen Werten sollten als knallharte Spekulation nach dem Motto "Hopp oder Top" betrachtet werden.

III. Turn-Around-Spekulationen

Das Risiko einer Spekulation auf einen möglichen Ertrags-Turn-Around ist ohnehin äußerst hoch, und sollte daher durch Beachtung einiger Regeln gemindert werden.

→ Es wird kaum einem Unternehmen, das schon in der Hochkonjunktur Verluste erwirtschaftet hat, gelingen, ausgerechnet dann die Gewinnzone wieder zu erreichen, wenn es allen Unternehmen dieser Branche schlechter geht.

Anlagetip:
Turn-Around-Spekulationen gegen die wirtschaftliche Entwicklung nur in Ausnahmefällen riskieren.

→ Und es wird auch nur wenigen Unternehmen gelingen, den Turn-Around ohne interne Veränderungen zu schaffen. Unter wirksamen interne Veränderungen versteht der Verfasser nicht halbherzige Beschlüsse oder einen umfangreichen Stellenabbau (der dennoch oft nötig ist), sondern das klar strukturierte Streben nach neuen Wettbewerbsvorteilen. Die Rationalisierung mit dem Ziel, den Kostennachteil von 20 auf 10 % zu vermindern, ist zwar lobenswert, kann aber nur als Ergänzung nützlich sein!

> Anlagetip:
> Unter den Turn-Around-Kandidaten diejenigen Aktien auswählen, die neue Wettbewerbsvorteile geschaffen haben. Dadurch steigt die Wahrscheinlichkeit, daß die Gewinnzone wieder erreicht wird.

Erfolgreiche Turn-Around-Spekulationen setzen im Idealfall voraus, daß eine konjunkturelle Belebung die Wirksamkeit von internen Maßnahmen verstärkt.

→ Bereits unter dem Stichwort "Nationale Wettbewerbsvorteile" wurde erwähnt, daß harter Wettbewerb die Unternehmen stärkt.

Die US-Autoindustrie hatte primär ein Qualitätsproblem – erst der Wettbewerb mit der japanischen Autoindustrie brachte die "Großen Drei"[117] dazu, wettbewerbsfähige Modelle in guter Qualität zu produzieren. Inzwischen haben die US-Hersteller "dazugelernt". Sie mußten ihr Qualitätsproblem lösen, und es gelang ihnen. Die Folge: Sie konnten Marktanteile zurück- bzw. dazugewinnen. Und gleichzeitig verbesserten sich sowohl Ertragssituation als auch Aktienkurs wieder deutlich.

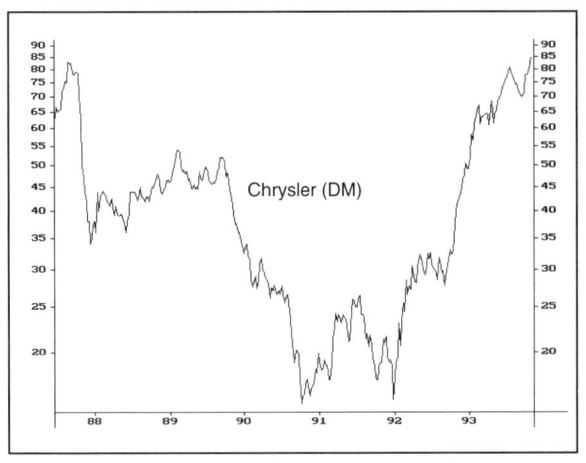

Abb. 77:

Turn-Around bei Chrysler

---

[117] General Motors, Ford, Chrysler

Vergleichbare Entwicklungstendenzen könnten sich im deutschen Maschinenbau abzeichnen. Für die Probleme dieser Branche sind vorwiegend mangelnde Größe sowie zu hohe Kosten verantwortlich. Erst der verschärfte Wettbewerb, und die damit verbundenen hohen Verluste, zwingen die Hersteller zu Allianzen und Fusionen – und damit zu mehr Marktfähigkeit.

> Anlagetip:
>
> Turn-Around-Spekulationen nur dann riskieren, wenn sich der Weg in die Gewinnzone auch logisch nachvollziehen läßt. Allein die Schlagzeile "Turn-Around in Sicht" ist noch keine logische Begründung!

Besonders möchte der Verfasser vor Branchen mit unlösbaren Strukturkrisen warnen. Ein dauerhafter Turn-Around kann kaum gelingen, wenn hohe Überkapazitäten aufrechterhalten werden. In der Welt-Stahlindustrie ist nicht nur die Produktion regelmäßig höher als die Nachfrage – wichtiger noch ist, daß hohe, ungenutzte Kapazitäten vorhanden sind[118].

→ Auch die Beachtung charttechnischer Regeln kann das Risiko mindern. Eine Trendwende im Aktienkurs kündigt sich fast immer durch Ausbildung von charttechnischen Umkehrformationen, wie "Untertassen" oder "Doppelboden" an. Die Ausnahme "V-Formation" ist ausgesprochen selten.

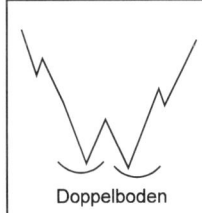 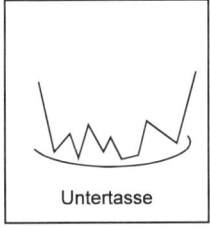 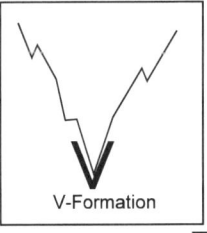

Abb. 78: Umkehrformationen

---

[118] Die freien Kapazitäten liegen ca. 50 % über der Nachfrage.

So läßt der weiter oben abgebildete Langfristchart von Chrysler einen Doppelboden erkennen. Wer abwartet, ob der Abwärtstrend gebrochen wird, "verpaßt" zwar eventuell die ersten Gewinne, geht aber weniger Risiken ein.

Ein weiterer wichtiger Erfolgsfaktor bei Turn-Around-Spekulationen ist die Selbstdisziplin. Die Einhaltung von Verlustbegrenzungsmarken kann ebenfalls das Risiko beschränken – aber eventuell bricht der Kurs bei Unterschreitung von technischen Widerstandslinien förmlich weg!

→ Die wichtigste Regel bei risikoreichen Anlagen (und Turn-Around-Spekulationen sind immer sehr risikoreich) heißt: Risiken streuen!
Gerade hier müssen sowohl verschiedene Branchen, als auch verschiedene Länder Berücksichtigung finden.
Wer sich beispielsweise auf fünf deutsche Maschinenbauer beschränkt, geht übermäßig hohe Risiken ein. Wenn sich der Branchenwettbewerb verschärft und gleichzeitig eine erhoffte Nachfragebelebung ausbleibt, werden vermutlich alle Unternehmen noch tiefer in die Verlustzone geraten. Damit sind bei allen Aktien Kursverluste vorprogrammiert.

Und noch ein Hinweis zum Schluß:
Im Extremfall – dem drohenden Konkurs – gilt: Ob ein Vergleich zustande kommt oder das Unternehmen in Konkurs geht, liegt vorwiegend an der Zahl der Beschäftigten. Je mehr Bürgern die Arbeitslosigkeit droht, desto eher wird staatlicherseits interveniert, und desto großzügiger sind auch die Forderungsverzichte der Banken.

8. Kapitel:

Die Wettbewerbssituation wichtiger Branchen

Die folgenden – bewußt kurz gehaltenen – Analysen behandeln einige wichtige Branchen. Dabei sind allerdings gewisse Einschränkungen zu beachten:

→ Der Branchenbegriff mußte sehr weit gefaßt werden. Eigentlich hätte eine Branche wie die Bauzulieferer aufgeteilt werden müssen in "Zement", "Ziegel", "Fenster und Türen", "Sanitärkeramik", "Spanplatten" etc. Doch wurde im Rahmen dieses Buches bewußt darauf verzichtet.

→ Die nationale Zugehörigkeit wird vernachlässigt. Selbstverständlich kann ein russisches oder indisches Stahlwerk dauerhaft rentabel sein.

→ Es handelt sich um eine langfristige und konjunkturunabhängige Betrachtung – es mag Phasen geben, in denen gerade Stahlaktien am besten laufen.

→ "Nischen" in negativ beurteilten Branchen können dennoch sehr aussichtsreich sein. So sind im Rohstoffbereich Hersteller von seltenen Erden wegen des Bedarfs für Hochleistungskeramik und Supraleiter attraktiv; auch Titan dürfte eher zu den zukunftsträchtigen Rohstoffen zählen.

Autohersteller	reife, globale, konjunkturabhängige Branche	😐

Der Branchenwettbewerb:

Wesentliches Merkmal ist der harte Kampf um Marktanteile zwischen den vorhandenen Konkurrenten – sowohl preis- als auch qualitätsbezogen. Die hohe Macht gegenüber den Zulieferern ist relativ bedeutungsarm, da alle Branchenmitglieder darüber verfügen.

Ausblick:

Eventuell wird im Rahmen von Konzentrationsprozessen der Kampf um Marktanteile zurückgehen, und so zu einer Verbesserung der Branchen- rentabilität in der mittleren und oberen Preisklasse führen. Im unteren Preis- segment dagegen ist mit neuen Anbietern aus Schwellenländern zu rechnen. Hauptrisiko: Der Ausbau an Kapazitäten könnte den Wettbewerb verschärfen.

Empfehlung: neutral

Aktien von Herstellern in der Mittel- und Oberklasse bevorzugen, die eine geschickte Modellpolitik verfolgen und über Differenzierungsvorteile verfügen.

Autozulieferer	reife, konjunkturabhängige Branche auf dem Weg zur Globalisierung	☹️☹️

Der Branchenwettbewerb:

Sehr stark der Abnehmermacht ausgeliefert, harter Wettbewerb zwischen den vorhandenen Konkurrenten, wobei zusätzlich neue Konkurrenten aus Billiglohnländern den Preisdruck verschärfen. Systemführer können allerdings den Druck an ihre Lieferanten weitergeben.

Ausblick:

Wenig Veränderungen, bei Belebung der Autokonjunktur vorübergehend nachlassender Preisdruck.

Empfehlung: untergewichten

Allenfalls Aktien von "Systemführern" oder aus Billiglohnländern kaufen.

Banken	reife, konjunkturunabhängige Branche	😐

Der Branchenwettbewerb:

In Deutschland deutliche Wettbewerbsverschärfung (Stichwort: Discount-Banken). Dies verstärkt die Verhandlungsmacht der Privatkunden, obwohl – einmal gewonnene Kunden nur sehr selten die Bank wechseln. Großkunden sind ohnehin sehr preisempfindlich.

Ausblick:

Marktanteil der Discounter steigt! In Deutschland Bedrohung der Rentabilität durch rückläufige Sparbucheinlagen.

Empfehlung: neutral (bei Zinssenkungshoffnungen eher gut)
Banken mit wenig Problemkrediten bevorzugen (Großkredite an Staaten sowie Unternehmen zweifelhafter Bonität).

Bau	reife, konjunkturabhängige Branche	😐

Der Branchenwettbewerb:

Sehr preisempfindliche Abnehmer (Ausnahme: öffentliche Hand); bei Großprojekten eventuell Wettbewerb mit Anbietern aus Billiglohnländern.

Ausblick:

Börsennotierte Unternehmen sind im wesentlichen von der Baukonjunktur und dem Ausgabeverhalten der öffentlichen Hand abhängig.

Empfehlung: neutral,
aber auf konjunkturelle Einflüsse achten.

| **Bauzulieferer** | reife, z.T. regional tätige Branche | |

Der Branchenwettbewerb:
Bei vielen Baustoffen bestehen keine oder nur geringe Differenzierungs-
möglichkeiten. Entscheidend sind gute Beziehungen zu – mittelständischen
– Unternehmern. Bei Baustoffen mit hohen Transportkosten kaum über-
regionale Konkurrenz.
Beim Absatz über Handelsketten drückt deren Einkaufsmacht auf die
Rentabilität.

Ausblick:
Wenig dynamische Branche, im Niedrigpreissegment droht potentielle
Konkurrenz aus Osteuropa.

Empfehlung: neutral
Bauzulieferer, die Differenzierungsvorteile schaffen oder nutzen können,
bevorzugen (d.h.: keine Ziegel-Hersteller, sondern eher Hersteller von
Armaturen oder Türen).

| **Bekleidung** | reife, tendenziell globale Branche | |

Der Branchenwettbewerb:
Starker Wettbewerb zwischen den Markenanbietern meist mit dem Schwerpunkt Image und Qualität, harter Preiskampf im Billigsektor. Viele Anbieter
sind der Nachfragemacht des Handels ausgeliefert.

Ausblick:
Erfolg ist in hohem Maße vom rechtzeitigen Erkennen der Modeströmungen
abhängig.

Empfehlung: neutral
Bekannte Marken und/oder Direktanbieter bevorzugen!

Chemie-Grundstoffe	stagnierende bis schrumpfende globale Branche	☹☹

Der Branchenwettbewerb:

Starker Wettbewerb, da die Produkte völlig austauschbar sind, und keine Differenzierungsvorteile bestehen.
Billiganbieter (geringe Umweltschutzauflagen) aus Schwellenländern drücken zusätzlich auf die Erlöse.

Ausblick:

Unter Umweltaspekten ist ein rückläufiger Verbrauch (Kunststoffe, Pestizide) in den Industrienationen zu erwarten; Schwellen- und Entwicklungsländer werden ihren Bedarf nicht nur selbst decken können, sondern auch als zusätzliche Anbieter auf dem Weltmarkt antreten.

Empfehlung: untergewichten

Chemie-Spezialitäten	globale Branche, Reifegrad vom Einzelfall abhängig	😐

Der Branchenwettbewerb:

Bei innovativen Produkten besteht unter Umständen eine zeitlich befristete Monopolstellung (Patente), oft schützt ein sehr geringes Absatzpotential vor neuen Wettbewerbern.

Ausblick:

Zum Teil besteht hohes Wachstumspotential (Bio-Kunststoffe etc.). Auch Nischen bleiben u.U. langfristig attraktiv.

Empfehlung: neutral bis übergewichten
Die meisten Hersteller haben aber hohe Anteile an Basischemikalien.

Computer-Hersteller	wachsende, globale Branche	☺

Der Branchenwettbewerb:
Relativ geringe Differenzierungsmöglichkeiten, weitgehend fehlende Eintrittsbarrieren sowie ein steigender Informationsgrad bei den Abnehmern führen zu hartem Preiswettbewerb.

Ausblick:
Ein absehbarer Konzentrationsprozeß bei den Anbietern, ebenso wie das hohe Wachstumspotential des Marktes, lassen ein verbessertes Wettbewerbsumfeld erwarten.

Empfehlung: übergewichten
Auf Flexibilität der Unternehmen und das Preis-Leistungs-Verhältnis der Produkte achten. Schwerpunkte: PC und Workstations.

Computer-Bauteile	wachsende, globale Branche	☺

Der Branchenwettbewerb:
Harter Preis-Leistungswettbewerb v.a. im OEM-Markt, allerdings mit sehr guten Differenzierungsmöglichkeiten (für die schnellere Festplatte oder Grafikkarte wird gerne mehr bezahlt!).

Ausblick:
Hohe Eintrittsbarrieren und ein starkes Marktwachstum machen diese Branche attraktiv.

Empfehlung: übergewichten
Wichtigstes Auswahlkriterium ist die Innovationskraft der Unternehmen. Von Vorteil ist auch, wenn das Unternehmen technologische Standards setzen kann.

| **Computer-Software** | weitgehend globale, wachsende Branche | 😐 |

Der Branchenwettbewerb:

Im Bereich der Standard-Software herrscht scharfer Wettbewerb – man kann von Feindschaft sprechen.
Allerdings verfügen die jeweiligen Marktführer über einen gewissen Preissetzungsspielraum, und können so hohe Renditen erzielen.

Ausblick:

Da in dieser Branche überwiegend Fixkosten (für die Programmentwicklung) auftreten, wird der Kampf um Marktanteile weitergehen. Dennoch besteht ein hohes Absatzpotential, wenn Raubkopien durch legale Programme ersetzt werden.

Empfehlung: selektieren
Bei Standardsoftware Marktführer bevorzugen!

| **Fluggesellschaften** | globale, reife Branche | 😐 |

Der Branchenwettbewerb:

Vor allem in deregulierten Märkten (USA) sehr harter Wettbewerb; dennoch etwas Preissetzungsspielraum für Fluggesellschaften mit gutem Image.

Ausblick:

Infolge der Auslese ist ein nachlassender Wettbewerb bereits in Sicht.

Empfehlung: vorerst weiterhin abwarten

Flugzeugbau	reife, eindeutig globale Branche	

Der Branchenwettbewerb:
Rückläufige Militärausgaben, ein neuer Wettbewerber bei Großraumflug-
zeugen (Airbus) und die sehr schlechte Ertragslage bei den Abnehmern
(Fluggesellschaften) – diese Faktoren haben zu einer Wettbewerbsverschärfung geführt. Dagegen wirkt die Fusion McDonnell Douglas/Boeing
wettbewerbsmindernd.

Ausblick:
Hoffnungen auf eine Erholung der Branche sind aufgrund der Ertragsver-
besserung bei den Fluggesellschaften in Sicht.

Empfehlung: Marktführer bevorzugen

Freizeit	Wachstumsbranche	

Der Branchenwettbewerb:
Eine einheitliche Beurteilung des Branchenwettbewerbs ist nicht möglich,
da die Branche in eine Vielzahl völlig unterschiedlicher Segmente zerfällt
(vom Fernsehsender über Sportgeräte bis zu Spielkarten und Touristik).

Ausblick:
Der Stellenwert der Freizeit nimmt selbst in Japan zu. Allerdings ist diese
Branche sehr stark von Modeerscheinungen geprägt.

Empfehlung: übergewichten
Sorgfältig die Modeerscheinungen beachten!

Genußmittel	reife, z.T. auch stagnierende Branche	😐

Der Branchenwettbewerb:
... findet in hohem Umfang auf dem Gebiet des "Life-Style" und im qualitativen Bereich statt. Der Preiswettbewerb ist relativ gering. Beschränkungen in der Werbung sind für etablierte Marken eher von Vorteil. (Werbeverbote stellen eine Eintrittsbarriere dar!)

Ausblick:
Zunehmendes Gesundheitsbewußtsein in der Bevölkerung und hohe Steuern beschränken das Absatzpotential. Allerdings besteht z.T. hohes Wachstums-potential (China und GUS für Tabakwaren etc.). Bei Tabakwaren das Prozeßrisiko in den USA beachten

Empfehlung: neutral
Hersteller von besonders hochwertigen Produkte (Weine, Spirituosen etc.) bevorzugen, da hier "Genießen" und nicht gesundheitliche Überlegungen im Vordergrund stehen.

Handel	reife Branche	☺

Der Branchenwettbewerb:
Zum Teil starker Preiskampf zwischen den Branchenmitgliedern, die aber mit zunehmender Größe Einkaufspreise diktieren können. Daher Vorteile gegenüber den Lieferanten.

Ausblick:
Konzentration mit nachlassendem Wettbewerb und damit steigenden Renditen. Der Trend zum Fachmarkt auf der "grünen Wiese" (Kostenvorteil für das Unternehmen, kein Transportproblem beim Kunden) dürfte zu Lasten der Kaufhäuser anhalten.

Empfehlung: übergewichten
Supermärkte und Fachmärkte mit hohem Marktanteil bevorzugen!

| **Kosmetik** | reife bis wachsende Branche | |

Der Branchenwettbewerb:
Der Wettbewerb erfolgt fast ausschließlich auf Image-Ebene. Ein Preiswettbewerb findet dagegen kaum statt, selbst die Macht des Handels ist aufgrund des "Depotsystems" eher gering.

Ausblick:
Auch in dieser Branche ist eine Polarisierung der Nachfrage zu erwarten – Anbieter im mittleren Preissegment könnten darunter leiden.

Empfehlung: übergewichten
Top-Marken oder Billiganbieter bevorzugen!

| **Lebensmittel/ Getränke** | reife Branche | |

Der Branchenwettbewerb:
Hauptproblem ist die Macht des Handels, und hier besonders die Einkaufsmacht der großen Handelsketten

Ausblick:
Produkte, die sich in Qualität oder Marketing von anderen positiv abheben, werden auch in Zukunft der Macht des Handels widerstehen können.

Empfehlung:
Anbieter mit "einzigartigen" Produkten und/oder breiter Produktpalette bevorzugen!

Maschinenbau	reife, globale Branche	😐

Der Branchenwettbewerb:

Sehr starker Preis-Leistungs-Wettbewerb (hohe Kostenbedeutung beim Abnehmer) mit guten Differenzierungsmöglichkeiten (Qualität, Service etc.).
Einige Unternehmen verfügen über signifikante Größenvorteile (wichtig wegen der hohen Entwicklungskosten!).

Ausblick:

Der Trend dürfte zu universell einsetzbaren Maschinen gehen, so daß kleine,
noch ertragreiche Nischenanbieter im Bedrängnis geraten können.

Empfehlung:

Aktien von global tätigen Unternehmen mit Größenvorteilen oder speziellen Nischen-Produkten bevorzugen.

Medizintechnik/ Pharma	reife, weitgehend global orientierte Branche	😐

Der Branchenwettbewerb:

Abnehmern sind die Preise weitgehend egal, entsprechend findet kaum Wett bewerb auf dem Preis-Sektor statt. Der Schwerpunkt im Wettbewerb liegt bei starkem Innovationsdruck und intensiven Marketinganstrengungen (Vertreter, Kongresse etc.).

Ausblick:

Alle Länder leiden unter explodierenden Gesundheitskosten. Die laufenden Kostensenkungsprogramme werden wahrscheinlich verstärkt, was zu einer Schwächung der Branchenrentabilität führen kann. Neue und erfolgreiche Produkte werden vermutlich von Gentechnologiefirmen entwickelt werden.

Empfehlung:

Innovative Firmen, die *wichtige* Medikamente zur Marktreife bringen, bevorzugen!

Rohstoffe	Reife bis stagnierende, globale Branche	☹

Der Branchenwettbewerb:
Reiner Preiswettbewerb ohne Differenzierungsmöglichkeiten.

Ausblick:
Wahrscheinlich drängen weitere Anbieter aus unterentwickelten Ländern und der GUS auf den Markt, die aufgrund von Devisenmangel jeden Preis akzeptieren (und aufgrund niedriger Kosten auch akzeptieren *können*). Eventuell stärkere Nachfrage aus den Schwellenländern

Empfehlung: untergewichten

Spielwaren	reife bis wachsende Branche, Ansätze zur Globalisierung	☺

Der Branchenwettbewerb:
... läuft weitgehend über die Werbung; es bestehen hervorragende Differenzierungsmöglichkeiten und die Macht des Handels ist relativ gering (viele kleine Händler). Allerdings ist diese Branche sehr von Modeerscheinungen abhängig.

Ausblick:
Hohes Wachstumspotential für Produkte, die "gut ankommen".

Empfehlung: übergewichten
Kinder fragen – diese entscheiden weitgehend, was gekauft wird.

Stahl	globale, schrumpfende Branche	

Der Branchenwettbewerb:
Starke weltweite Überkapazitäten, fehlende Differenzierungsmöglichkeiten, Kapazitätsausbau in Entwicklungs- und Schwellenländern (Kostenvorteile!) und die Tatsache, daß diese Länder auf Stahlexporte als Devisenbringer angewiesen sind, lassen die Branche in sehr schlechtem Licht erscheinen.

Ausblick:
Keine Verbesserungen in Sicht

Empfehlung: meiden

Umweltschutz	Wachstumsbranche	

Der Branchenwettbewerb:
Relativ geringer Wettbewerb, viele Unternehmen sind in Nischen tätig. Die oft staatlichen Abnehmer sind wenig preisempfindlich.

Ausblick:
Hohes Wachstumspotential für die wenigen echten Umweltaktien durch steigendes Umweltschutzbewußtsein und entsprechende Gesetzgebung.

Empfehlung: übergewichten
Dabei echte Umweltschutzaktien bevorzugen (bedauerlicherweise wird oft jede Aktie, die irgend etwas mit Umwelt zu tun hat, als Umweltschutzwert bezeichnet). Die Auswahl ist leider dürftig.

Unterhaltungs-Elektronik	globale Branche in Wachstumsdelle	

Der Branchenwettbewerb:
Weitgehende Marktsättigung und geringe Differenzierungsmöglichkeiten haben zu einem harten Preiswettbewerb geführt.

Ausblick:
Erst neue, umsatzbringende Produkte (wie in der letzten Dekade Videorekorder und CD-Spieler) oder neue Märkte (Osteuropa?) werden Verbesserungen im Branchenwettbewerb bringen.

Empfehlung: neutral
Weltweit bekannte Top-Marken bevorzugen!

Versorger	reife, regional tätige Branche	

Der Branchenwettbewerb:
... findet aufgrund von Gebietsmonopolen fast nicht statt.

Ausblick:
Die fehlenden Wachstumsperspektiven ermöglichen Expansion nur in branchenfremde Geschäftsbereiche.

Empfehlung: übergewichten bis neutral
In erster Linie in Phasen wirtschaftlicher Abschwächung und bei absehbaren Zinssenkungen interessant.

Anhang

Literaturempfehlungen:

... sind beim Verlag erhältlich. Fragen Sie doch ´mal nach

Vogl-Verlag
Asternstr. 1
90765 Fürth

Tel.: (09 11) 76 16 47
Fax: (09 11) 76 46 41

Verzeichnis der erwähnten Unternehmen und Branchen:
(Unternehmen: normale Schrift; Branchen: kursiv)

☞ Buchtip

Wußten Sie schon ...?

... daß es Alternativen zum Währungsfestgeld mit rund ein bis zwei Prozent Renditevorteil gibt.

... wie sich die Konditionen von Bankangeboten schnell prüfen lassen.

... welches Risiko hinter hochverzinslichen Anleihen steckt.

... welche Fonds für den Anleger wirk-lich nützlich sind – und welche nur für die Bank

... mit welchen Anleihen man am besten an Zinssenkungen verdienen kann

... welche Kosten in Währungsanleihen versteckt sein können

Rasso Vogl, "Geld & Zinsen"
29,80 DM, ca. 200 Seiten mit 100 Tabellen und Abbildungen

ISBN: 3-9803547-1-7

☞ Pressestimmen

Lieber kurz und bündig?

"Richtig gut gelungen ist Vogls neues Werk. ..."

 Heft 11/95

... oder ausführlich:

 Heft 2/96

Empfohlen auch von: BÖRSE , Handelsblatt und DAS WERTPAPIER

Erhältlich im guten Buchhandel oder direkt beim Verlag: **Rasso Vogl, Asternstr. 1, 90765 Fürth,** Fax: 0911/764641

☞ Buchtip

Im Shareware-Bereich gibt es sehr viele Programme für den Geldanleger – und nicht alle halten, was sie versprechen! Daher an dieser Stelle einige Programme, die sich **nicht** auf der CD zum Buch befinden:

– ein Renditerechner, der sich nur durch den Reset-Schalter beenden läßt, und sich außerdem weigert, mehr als die Eingabe des Zinssatzes zuzulassen,

– ein weiterer Renditerechner, der nur mit zwei Zinsterminen pro Jahr rechnen kann,

– ein Programm zur Ermittlung des fairen Wertes von Optionen auf Belegschaftsaktien,

– ein Programm, bei dem einige Dateien erst von Hand mit dem Programm EXPAND zu entpacken sind, (Hätten Sie gewußt, daß die Endung "VB_" nach dem Entpacken "VBX" heißen muß?)

– viele andere unterhaltsame Kleinigkeiten, wie etwa Abstürze durch die beliebten "allgemeinen Schutzverletzungen"

– und vor allem: Programme, deren Funktionen von anderen Programmen besser und/oder komfortabler ausgeführt werden.

Rasso Vogl, "Software für Geldanleger"
19,80 DM, ca. 60 Seiten mit CD-ROM

ISBN: 3-9803547-3-3

☞ Pressestimmen

Sorry:
Dieses Buch ist bisher erst von  *empfohlen*

Auf der CD-ROM:
Von einem Praktiker die besten Shareware-Programme für Geldanleger - sorgfältig ausgewählt und mit verständlichen und *gedruckten* Kurzanleitungen versehen:

Renditeberechnung
Optionsrechner
Depotverwaltung
Programme zur Chartanalyse
Zugangssoftware für Internet und
Compuserve
und auch nützliche Spezialitäten

Erhältlich im guten Buchhandel oder direkt beim Verlag: Rasso Vogl, Asternstr. 1, 90765 Fürth, Fax: 0911/764641

☞ Buchtip

Bekannt aus:

Renn & Ritsch,
"DIE INSIDER"
22,00 DM

ISBN: 3-9803547-2-7

☞ Leseprobe

Das Beste zum Thema Geld, seit es Onkel Dagobert gibt!

Natürlich Hardcover & durchgehend in Farbe!
– Weitere Bände in Vorbereitung –

Erhältlich im guten Buchhandel oder direkt beim Verlag: Rasso Vogl, Asternstr. 1, 90765 Fürth, Fax: 0911/764641

Absender

Ja, Bitte informieren Sie mich über Neuerscheinungen (Börsenliteratur) aus Ihrem Verlag!

Bemerkungen:

....

....

....

....

....

Antwort

Rasso Vogl Verlag
Asternstr. 1

90765 Fürth

Absender

Ja, Bitte informieren Sie mich über
Neuerscheinungen (Börsenliteratur)
aus Ihrem Verlag!

Bemerkungen:

....

....

....

....

Antwort

Rasso Vogl Verlag

Asternstr. 1

90765 Fürth

Notizen:

Notizen: